你心从容,自当优雅

杨绛传

凉月满天 著

甘肃人民出版社

图书在版编目（CIP）数据

你心从容，自当优雅：杨绛传 / 凉月满天著. ——兰州：甘肃人民出版社，2022.7（2023.3重印）
ISBN 978-7-226-05815-2

Ⅰ.①你… Ⅱ.①凉… Ⅲ.①杨绛（1911-2016）—传记 Ⅳ.①K825.6

中国版本图书馆CIP数据核字（2022）第078405号

责任编辑：李青立
助理编辑：魏清露
装帧设计：付诗意

你心从容，自当优雅：杨绛传

凉月满天　著

甘肃人民出版社出版发行

（730030　兰州市读者大道568号）

北京中科印刷有限公司印刷

开本 880毫米×1230毫米 1/32　印张7.5　字数168千
2022年7月第1版　2023年3月第2次印刷
印数：5 001~8 000
ISBN 978-7-226-05815-2　　定价：45.00元

目录

序　章	半生红颜，一世先生	001
第一章	家世故里，童年时光	007
第二章	现世安稳，岁月静好	027
第三章	执子之手，与子偕老	045
第四章	异国他乡，相濡以沫	069
第五章	重回故土，物是人非	093
第六章	苦乐之境，我心从容	121
第七章	山雨已来，宠辱不惊	143
第八章	悲欣交集，洗尽铅华	167
第九章	历尽千帆，仍是先生	187
终　章	火萎人走，优雅离去	213

后　记	为了最初的纪念	220
附　录	杨绛生平大事记	226

序章

有一个词叫受宠若惊。

任谁一旦受到命运的宠爱,或是得了官,或是发了财,或是收获爱情,都会诚惶诚恐,担心不配得到的却得到了,惶惶然害怕失去。像是塞翁得了马,怕坏的事来冲,又想着最好有坏的事来抵冲。等到儿子骑马摔折了腿,塞翁心想:"这才对嘛!"于是安下心来。

有的人很富贵,也很踏实,觉得自己受享得起;有的人一夜暴富,会觉得这样的生活自己好像不配拥有,像是偷来抢来的,必须还回去才安稳;也有的人享得了富贵,却安不了贫贱,一朝跌落云端,为人便失格失品,心中惊动,如同山岳摇晃、屋宇崩塌。

回想杨绛的一生,做大小姐时,安稳;当教书先生时,也安稳;被批斗时,扬声大叫,心却很快安稳;被下放时,日坐愁城,一颗心也很快安稳;被平反了,也安稳;被抬得八丈高,还安稳。

女儿死去,丈夫死去,心被划出一道又一道痕,可她还是咬着牙把日子一点点过下去，于此后长长的孤独和寂寞中读书、思考、写作，重归安稳。

黛玉灵透，却如溪涧的流水易被惊动，所以总是活得辛苦。宝钗也灵透，却如玉石温润不惊——家道从容的时候，她是穿金戴银的大小姐，但不骄奢；家道中落的时候，她把无用的闲妆卸下来，住雪洞一般的屋子，穿半新不旧的衣裳，也不哀叹。所以贾母说她好，大家都说她好，因为近傍着她，自己的心也安稳，不易被惊动。

"心无挂碍，无挂碍故，无有恐怖，远离颠倒梦想，究竟涅槃。"哪有什么除苦的神明，靠的是自己把心修得冷暖不惊，才能涅槃。

涅槃了的人，是什么样？

不惊呼，不哭泣。哭泣也可以，却不诅咒，明白世界就是如此。

一池寒塘，几株烟柳，坐在石上，看水光云色。若是有人趋近，便拍拍手边石，说："坐。"若是有人离开，就说："噢。"

杨绛就是这样的人，哀而不怨，怒而不争，冷暖不惊。

杨绛不是林徽因，也不是陆小曼，杨绛就是杨绛，弯眉细眼，颧骨有点高，眼神有些锋利，看起来颇不好惹，又好像颇有心计。

可是她又做了哪些让人觉得不好惹、惹不起和不敢惹的事？她只想安静读书，宁帖度日，但事情总是找到她的头上来，生死离别的黑纱一次次系在她的身上。

将她定义成悲剧人物吗？好像不是。

她年过期颐，百岁人瑞；她著述等身，举国尊敬；她和钱锺书一生恩爱，伉俪情深。

将她定义为成功人士吗？我想她会轻轻一笑。

她这辈子不曾钻洞觅缝追求成功,只是埋下头,做自己的事;她这辈子不曾仰天长啸,亦没有壮怀激烈。她不是美女,不是名媛,不是壮士,不是烈士,不是浪子。她没有绯闻,没有纠葛,没有传奇。她是红颜,但"红颜"这两个字轻薄,于她匹配不起。

她是先生。

这是世人能想到的给予她的最恰当的称谓。

丈夫有德行,她有德行吗?当然。国难不弃国,家难不弃家,夫难不弃夫,自己有难,不弃心。

丈夫有学问,她有学问吗?当然。举国上下,你去问、去看、去想、去比,谁不佩服她的学问?!

教书的人亦称先生,她教书吗?当然。后来她虽不再课徒授业,但"桃李不言,下自成蹊"。

先生不虚张声势,先生不炒作声名,先生言行有节,先生德行贵重。那么多被称为先生的,当不起"先生"二字,她却名副其实、不折不扣。

第一章

家世故里，童年时光

无锡是个好地方,诗中的诗,画中的画。

如诗中所言:"水宽山远烟岚迥,柳岸萦回在碧流。清昼不风凫雁少,却疑初梦镜湖秋。"

杨绛就是无锡人。

杨氏家族,世居无锡,是杨绛口中的"寒素人家"。杨绛的祖上都是读书人,丝丝缕缕延续着一脉书香。

这个"寒素人家",不代表食不饱饭、着不暖衣,而是君子固穷的意思——满身的学问和见识,换不来红绿的四人抬和八人抬的呢子大轿,也换不来戴红黑帽子的役夫喝道。能做官的时候不好好做官,能安稳的时候不肯好好安稳,这就是杨绛的父亲,当时大名鼎鼎的"疯骑士"杨荫杭。

1878年,杨荫杭出生。

世上事千丝万缕，看似不可能，却又于遥远的时空中往一处相凑编织。

国仇带来家恨，若无日寇侵华，杨家不会败落，杨荫杭的妻子不会早死，杨荫杭也不会怨怒伤身，于抗日战争胜利前夕一病归天。

许多事都是如此，世人如蚁，只看得见眼前的一丝半线，看不见因缘际遇的整匹绸缎。

1895 年，杨荫杭考入天津中西学堂。

一次，有学生闹风潮，学校掌权的洋人出来镇压，开除了带头的一个广东人。洋人说，谁再跟着闹就一并开除，参与了的一伙人面面相觑，默不作声。杨荫杭并没有参与，却冒了火，挺身而出说："还有我！"于是，他被一起开除了——这副骨头是有多硬！

后来，杨荫杭留日求学，回国后，做编辑，做撰稿人，授课，组建励志学会，"借讲授新知识之机，宣传排满革命"。因公开鼓吹革命，又拒绝向祠堂里的祖先叩头，杨荫杭得罪了族人。无锡乡绅——驻意大利钦差许珏曾愤然说："此人该枪毙。"

保守派就是这样。他们不肯接纳新的理论、新的行为、新的思想、新的观念，在舒适圈里沉迷，哪怕这个圈已经越来越窄，束缚得他们行不敢行、动不敢动、说不敢说、想不敢想。他们身上缠着一圈圈的麻绳，却自以为是地从这些麻绳上寻找安全感。

无奈，杨荫杭再次出国，留日获法学学士学位，留美出版硕士论文《日本商法》。

1898 年，杨荫杭与唐须嫈结婚，二人同岁。

据说，唐须嫈曾在上海的务本女中读书。该校创办于1902年10月24日，是国人创办的第一所女子学校。由此可知，唐须嫈应当是在和杨荫杭结婚后去读书的，和自己的三姑子杨荫榆是同学。

唐女士大约是在旧式家庭氛围中长大的女子，温婉和悦如同寂静夜晚的星空，如今习得了新知识，好比天角斜斜地出现了一弯眉月。

论学问，她于杨荫杭是不及万一的，但识文断字使她和杨荫杭有了对话的平台。她不倔强，夫唱妇随，夫说革命就革命，夫说出国就出国，夫说回来就回来。这样的夫妻搭配，不知羡煞多少娶了不识字的小脚太太的民国才子。

据杨绛回忆，她的父母像是老朋友，从小到大，没听他们吵过一次架。旧式夫妇不吵架的常有，不过往往是女方把委屈闷在心里，夫妇间的共同语言也不多。杨绛的父母却无话不谈，谈过去的、当前的，有关自己的、有关亲戚朋友的，可笑的、可恨的、可气的……他们有时嘲笑，有时感慨，有时自我检讨，有时总结经验。

杨荫杭做了律师后，会把受理的每一件案子都详细地叙述给妻子听，为什么事、牵涉什么人等，一起分析、议论。

这个做丈夫的了不起，天性自由，追慕平等，觉得天底下人人应当平平而坐、平平而起、平平而话、平平而视。但这样的想法与当时尊卑分明的氛围不合，于是他成了革命党、少数派，要被围而剿之。

杨绛是幸运的，父亲磊磊如山中石，母亲温婉如花下苔。

杨绛的万千花叶，以无锡为根，在北京生发、蓬勃。

1911年7月17日，杨绛出生。其时，杨荫杭在北京的一所法政学校教书。

杨绛原名杨季康，小名阿季，排行第四。与前面三个姐姐相比，她的个头最矮。

杨荫杭爱猫，说："猫以矮脚短身者为良。"

见过小短腿的猫吗？短短的小腿，软软的小爪，白白的皮毛，大大的眼，走路摇摇摆摆，甚是可爱。

小阿季就如这般可爱。

小阿季出生后不久，辛亥革命爆发，旧王朝如破城堡，一朝被疾风骤雨吹打，倾倒坍塌。杨荫杭辞职南归，在上海申报馆担任编辑，并发起创立了上海律师公会。

辛亥革命成功后，杨荫杭就任江苏省高等审判厅厅长兼司法筹备处处长。

当时，一个权势显赫的军阀到了上海，一些官员和士绅联名在报纸上刊登欢迎词，把杨荫杭的名字也列了上去。杨荫杭立刻在报上发表声明，说自己对这个军阀没有欢迎的意思。别人嘲笑他不识时务，他却说："名与器不可假人。"

后来，杨荫杭调任浙江省高等审判厅厅长，被时任省长的屈映光挟私告状，大总统袁世凯亲批："此是好人。"

因故，杨荫杭又被调到北京，小阿季也跟着爸妈回了北京。小小年纪，像一只小猫，被抱来抱去。

阿季五岁开蒙，就读于北京女师大附小。

当时，三姑母杨荫榆就在女师大工作。一次，杨荫榆带来宾进饭堂参观，小学生们正在吃饭，全饭堂肃然。杨绛背门而坐，饭碗旁边掉了好些米粒。

杨荫榆从她身边走过，俯耳说了一句什么，使得杨绛赶紧把掉在桌上的米粒捡起来放到嘴里吃了。后来，杨荫榆向杨荫杭形容这一群小女孩，从背后看去都和阿季相像，一段白脖子，两条小短辫。她们见阿季捡起米粒吃了，也跟着一个个把掉在桌上的米粒捡来吃了。

"她讲的时候笑出了细酒窝儿，好像对我们那一群小学生都很喜欢似的。那时候的三姑母还一点不怪僻。"杨绛后来回忆说。

因为是杨荫榆的侄女，阿季很受追捧。

女师大的学生爱带着她玩，比如打秋千；办恳亲会要演戏，会让她扮作戏里的花神：小牛角辫盘上头顶，满头插戴着花，衣裳上贴着闪闪的花片；开运动会，又叫她围绕着跳绳的大学生扮卫星，跳跳蹦蹦的，真灵性。

袁世凯倒台后，黎元洪执政，杨荫杭因坚持查办交通总长许世英贪污受贿案，被停职审查，硬骨头碰上了铁壁墙。杨荫杭愤而辞职，未等照准，即带一家老小回了无锡老家。

阿季当时读初小三年级。房东是个满族人，她见识了梳"板板头"、穿旗袍、着花盆底鞋的满族女子。穿这种鞋走路，前倾后仰，蛮好看。

有一次，杨荫杭问阿季："你长大了要不要穿这种高底鞋？"

杨绛认真思索了一会儿，说："要！"

但是，她现在要离开这个有人穿高底鞋的大城了。小娃娃不是行李，能随便被拎到东拎到西。本来还高高兴兴地在院里玩，忽然就被大人带去了火车站。路遇一个同学，小阿季恨不能叫这同学捎话给班上，说"回老家了"，苦于不十分热络，开口闭口犹豫间，便错过了。

月台上人头攒动，来给杨荫杭送行的人很多。

杨绛小小年纪，离愁已如早春草、薄雨花。

一家老小舟车劳顿，重返家乡，在无锡的沙巷租了一处房。厨房外有木桥，过了桥才是自家的后门，不出家门就能站在桥上，看船只来来往往，穿来穿去。

杨绛和两个弟弟插班进了沙巷口的大王庙小学，一间大教室里装着四个班级，八十个孩子挤作一堆。学校只有一个校长、一个孙老师。孙老师剃光头，用教鞭打人，学生绰其号曰"孙光头"，他把"子曰"解作"儿子说"。

女生在厕所的墙上画孙光头的像，对着他拜，要把他"钝"死——唯有神佛、先人受得起礼拜。若是觉得一个人不好，受不起人们的礼拜，拜他会让他倒大霉。

不过，孙老师从不打杨家的孩子，也许是觉得这是官家儿女，也许是因为他们很乖。

杨绛和小伙伴们玩官打捉贼，她依照北京的惯例，拈得"贼"字起身就跑。同伴扯住她，叫她静静地坐着，莫要叫人瞧出来。"拈到'贼'不逃快快，可不是要给官兵捉住？"

终其一生，杨绛都对这段孩提时光念念不忘，古稀之年还时常不知身处何地，好像又回到了几十年前的无锡大王庙：

我在大王庙上学不过半学期,可是留下的印象却分外生动。直到今天,有时候我还会感到自己仿佛在大王庙里。

彼时彼处,少忧患,不懂得世味如纱。而后来,人情纸薄,流离丧乱,不如犬鸡。

杨荫杭病了。

满腔忧愤,再加上那所房子的几个租户都得了伤寒,内外夹攻,焉得不病?

他的病严重到医生拒绝开药方,家里的顶梁柱眼看要折了。

那夜,已经很晚,大家都不睡,杨宅各屋亮着灯,许多亲友来来往往。来探病的人摇头叹惋:"唉,要紧人呀!"

唐须嫈请杨荫杭的老友、有名的中医华实甫来,华实甫"死马当活马医",开了一剂药方,没想到奇迹发生,杨荫杭居然一点点活了过来。唐须嫈对丈夫无微不至的护理都被杨绛看在眼里,此后杨绛对钱锺书不离不弃,细致入微地照顾他,根就在这里。

一家人应劫又逃劫,杨绛常觉幸运:

我常想,假如我父亲竟一病不起,我如有亲戚哀怜,照应我读几年书,也许可以做个小学教员。不然,我大概只好去做女

---

1 见杨绛《杂忆与杂写:1933—1991·大王庙》,生活·读书·新知三联书店2015年4月版。

工，无锡多的是工厂。

杨荫杭病愈后张罗另租房屋，有人介绍了留芳声巷的朱氏宅，杨绛跟着父母一同去看。

她记得门口下车的地方很空旷，有两棵大树；很高的粉墙，粉墙高处是一个个砌着镂空花的方窗洞。

她并不知道钱家人当时也租住在这幢宅院里，当时也并未与钱锺书相遇，两人只知各自前情，哪晓将来后事，好比月亮的半明半暗，只有月老一人心照。

命运原本就没有偶然这回事。

粉墙黛瓦，方窗镂花，小河流水，无锡是个好地方。杨绛和钱锺书这一对互不知情的小儿女，更叫它像是吞了两颗夜明珠，在光阴深处明明烁烁地放光。

小阿季的大姐当年上的是上海启明女校——一所教会学校，1930年改名为启明女子中学，是一所有名的洋学堂。

如今，大姐毕业留校，说可以带三妹和四妹一起去启明读书。三妹还好，但四妹，也就是杨绛，虚岁才十岁。

杨荫杭是西式人物，重视子女教育，当然不会反对，但母亲心有不舍。

唐须嫈找出一只小箱子，晚饭后，对杨绛说："阿季，你的箱子有

1　见杨绛《将饮茶·回忆我的父亲》，生活·读书·新知三联书店2015年5月版。

了，来拿。"又问，"你打定主意了？"

阿季说："打定了。"

"你是愿意去？"

"嗯，我愿意去。"

小娃娃自己有了主张，母亲也就许了，没有再说什么。

阿季是开明家庭的小孩，可越是这样，心里越难过、越不舍。

阿季的眼泪簌簌地流，幸好屋里昏暗。她以前从不悄悄流泪，只会哇哇哭，如今却吞声饮泣，不愿叫母亲知道——无忧无虑的孩提时代结束了。父亲沉疴刚起，差点儿一家离散，她晓得了忧愁惊恐，以前是一株长在无忧河畔的无忧花，如今下了凡。

临走，妈妈给她一枚崭新的银圆。杨绛曾回忆此事：

> 这枚银圆是临走妈妈给的，带着妈妈的心意呢。我把银圆藏在贴身衬衣的左边口袋里。大姐给我一块细麻纱手绢儿，上面有一圈红花，很美。我舍不得用，叠成一小方，和银圆藏在一起做伴儿。这个左口袋是我的宝库，右口袋随便使用。每次换衬衣，我总留心把这两件宝贝带在贴身。[1]

天暖了，要穿单衣，她把银圆拿出来交给大姐收藏时，银圆已被捂得又暖又亮。

---

[1] 见杨绛《杂忆与杂写：1992—2013·我在启明上学》，生活·读书·新知三联书店 2015 年 4 月版。

要说她此时就有了坚定信念，或对未来有了清晰的规划，那是附会之言，不过为尊者添花罢了。其实，她就是家教使然，耳濡目染：

> 我爸爸向来认为启明教学好，管束严，能为学生打好中文、外文基础，所以我的二姑妈、堂姐、大姐、二姐都是爸爸送往启明上学的。一九二〇年二月间，还在寒假期内，我大姐早已毕业，在教书了。我大姐大我十二岁，三姐大我五岁。（大我八岁的二姐是三年前在启明上学时期得病去世的。）[1]

1920年2月，杨绛离开大王庙到了启明，她的心里萌生出这样一股子自豪劲儿，一个劲儿地在心里跟大王庙小学的同学们显摆：

> 我们的一间"英文课堂"（习外语学生的自修室）比整个大王庙小学还大！我们教室前的长走廊好长啊，从东头到西头要经过十几间教室呢！长廊是花瓷砖铺成的。长廊下面是个大花园。教室后面有好大一片空地，有大树，有草地，环抱着这片空地，还有一条很宽的长走廊，直通到"雨中操场"（也称"大操场"，因为很大）。空地上还有秋千架，还有跷跷板……我们白天在楼下上课，晚上在楼上睡觉，二层楼上还有三层……[2]

---

1 见杨绛《杂忆与杂写：1992—2013·我在启明上学》，生活·读书·新知三联书店2015年4月版。

2 见杨绛《杂忆与杂写：1992—2013·我在启明上学》，生活·读书·新知三联书店2015年4月版。

在启明的生活正式开始后，她被更新奇的事情吸引，忘记了炫耀。

刚开学，学生返校，只听得一片"望望姆姆"声，意思是"姆姆，您好"（修女被称为"姆姆"，管教学生的都是修女）。新入学的学生纷纷猜测姆姆们高高的帽子到底有几层，那么厚的裙子到底是几条。

一次，天主教徒上山瞻礼，杨绛被准许同行，跟姆姆睡在一起。这下子她可知道了：姆姆们戴着的帽子有三层，裙子也是三条，并不如之前她们猜测的那么多。

启明每月放假一天，称为"月头礼拜"，本地学生可回家。其余每个星期日，学生们都会穿上校服、戴上校徽，排成一队一队，由姆姆带领，到郊野或私家花园游玩，这叫跑路。

这里管绘画叫描花，学描花要另交学费，可学油画、炭画、水彩画；弹钢琴则叫掐琴，这个动词用得真奇怪，为什么不叫敲琴呢？

这里的语言好奇怪，每次吃完早饭、午饭、点心、晚饭，学生们都不准留在课堂里，要到教室楼前或楼后各处游玩散步，这叫散心。吃饭不准说话；如逢节日，吃饭时准许说话，这叫散心吃饭。孩子不乖叫"没志气"，淘气的小孩被称为"小鬼"或"小魔鬼"。

自修时要上厕所，先得"问准许"——相当于现在的"报告"。

小鬼们调皮，自修室的教台上有姆姆监守，"问准许"就是向监守的姆姆说一声"小间去"或"去一去"，姆姆点头放行。但监守的姆姆在看书呢，往往头也不抬就点头了。

小阿季那时大约还梳着羊角辫，乖乖的小模样，"问准许"会小声说："我出去玩玩。"姆姆也点头，不知道是听不清还是怎么样。几个娃娃互相错开一些时间"问准许",都被准许后就可以在后面大院里偷玩……

既开明又有纪律,既有纪律又不严苛,杨绛在启明学校的生活也算无忧无虑。

启明是教会学校,杨绛虽未受洗入教,但小小年纪就学会了"爱自己,也要爱别人",如颂歌中唱的:"我要爱人,莫负人家信任深;我要爱人,因为有人关心。"

她学习英文和法文,想着"每天要为圣母做一件好事",领取教会学校里老师给予的"圣餐"。不知不觉地,她接触了古老的《圣经》。大姐的书桌上有一本,她在桌旁写作业,一时好奇,囫囵吞枣地看,觉得里面的名字好怪。

多年后,杨绛的美籍女教师哄她上圣经课,读《旧约全书》,发现里面的故事好像都读过,才知道那本是《旧约全书》。

杨绛没有宗教情怀,但经常会在深夜里想起书里一些充满哲理的话。她一生未入教,却穷尽一生,认真地研究灵魂。

她是一个有信仰的人,她的信仰就是从学生时代开始的。在《走到人生边上——自问自答》中,她这样写道:

> 只有相信灵魂不灭,才能对人生有合理的价值观,相信灵魂不灭,得是有信仰的人。有了信仰,人生才有价值。
>
> 其实,信仰是感性的,不是纯由理性推断出来的。人类天生对大自然有敬畏之心。统治者只是借人类对神明的敬畏,顺

水推舟，因势利导，为宗教定下了隆重的仪式，借此维护统治的力量。其实虔信宗教的，不限于愚夫愚妇。大智大慧、大哲学家、大科学家、大文学家等信仰上帝的虔诚，远胜于愚夫愚妇……

一个人在急难中，或困顿苦恼的时候，上帝会去敲他的门——敲他的心扉。他如果开门接纳，上帝就在他心上了，也就是这个人有了信仰。一般人的信心，时有时无，若有若无，或是时过境迁，就淡忘了，或是有求不应，就怀疑了。这是一般人的常态。没经锻炼，信心是不会坚定的。[1]

我们好像能够就此探寻到一点杨绛的思想脉络，我认为她是信仰灵魂不灭的。

这就解释了她为什么能够在女儿和丈夫相继辞世后，以还算平静的姿态，度过余生漫漫十数载。她是不是想着，终有一天，可以于遥远的世界尽头，和女儿、丈夫重新笑泪相拥，痛诉离情？

一到月头礼拜，本地学生都换上好看的衣服，开开心心地回家，小阿季离家远，回不去。管饭堂的姆姆可怜这些留下来的小鬼，把饭堂里吃点心时没吃完的半蒲包"乌龟糖"送给他们，直吃得他们舌厚、嘴酸，可心里还是苦。

大约过了几个"月头礼拜"，一天，大姐把阿季的衣袖和裤腿拉得整

---

[1] 见杨绛《走到人生边上——自问自答》，商务印书馆 2016 年 7 月版。

整齐齐，带着她和三姐走出校门，乘上电车，在一个地方下车后，又走了一段路，来到位于汉口路的申报馆。

杨荫杭病愈后，来此当主笔了。

父女们逾月重逢，杨荫杭高兴地说："今天带你们去吃大菜。"

"吃大菜"，在顽童的世界里是"被狠狠训了一顿"的意思，不是真的吃大菜。真的大菜阿季没吃过。

杨荫杭说："你坐在爸爸对面，爸爸怎么吃，你就怎么吃。"

一路步行，小阿季握着爸爸的两根指头，小手插在爸爸哔叽长衫的袖管里，莫名的安心。

进了西餐厅，杨绛和爸爸对面而坐。第一次用刀叉，爸爸怎么吃，她就怎么吃，小心翼翼。西餐里的汤是要一口气喝完的，她不知道，喝喝停停。服务生看她停下，便伸手想要撤汤下去，哪料她又端起来喝。如是几次，服务生只好作罢。

就因为这个，回家路上，她被爸爸和姐姐笑个不停。

做申报馆主笔的同时，杨荫杭又重操旧业，做起律师。他一向觉得世上只有两种职业值得做，一是医生，二是律师。

当今做律师不易，勤勉敬业是基本要求，每周工作七八十个小时只是起步。在那个年代，当律师更是不易，有良知的人在黑暗的社会里都不易。杨荫杭又因为做律师得罪了人，家业不稳。

他一向反对置业，因为经营家产耗费心力，一不留神反而变成家产的奴隶；子女因为有了家产，就会"吃家当"，变成不图上进的废物，倒不如没有家产，也许能有所作为。

理是这个理，只是莫说过去，如今能做到的又有几位？

盛世家族往往"百年而斩",不可能永远流传,就是因为吃老本的不肖子孙祸害基业,也祸祸得自己无本事、无志气。

贾府里,宝、黛闲话。黛玉道:"咱们家里也太花费了。我虽不管事,心里每常闲了,替你们一算计,出的多进的少,如今若不省俭,必致后手不接。"宝玉笑道:"凭他怎么后手不接,也短不了咱们两个人的。"宝玉这小子,还不如黛玉有志气。

杨荫杭看得明白,对孩子们说:"我的子女没有遗产,我只教育他们能够自立。"

但租赁的房子不稳定,做不得律师事务所,所以他还是决定买房子。恰恰苏州有一所破旧的大房子要出卖,那是明朝的房子,都快倒塌了。有一间很高大的厅已经歪斜,当地人称"一文厅"。

杨绛回忆道:

> 据说魏忠贤党人到苏州搜捕东林党人,民情激奋,引起动乱。魏党奏称"苏州五城(一说五万人)造反"。"徐大老爷"将"五城"(一说五万人)改为"五人"。苏州人感其恩德,募款为他建一楠木大厅。一人一文钱,顷刻而就,故名"一文厅"。

全宅共住有二三十家,有平房,也有楼房。有的人家较宽敞,房子也较好。最糟的是一文厅,又漏雨,又黑暗,全厅分隔成两排,每排有一个小小的过道和三间房,每间还有楼上楼下。总共十八间小房,真是

---

1 见杨绛《将饮茶·回忆我的父亲》,生活·读书·新知三联书店 2015 年 5 月版。

一个地道的贫民窟。

杨荫杭用一大笔人寿保险费买下了这座破宅院，拆的拆，修的修，扩大后园，添种花木。屋宇太老，院子阴湿，掀起一块砖，砖下是密密麻麻的鼻涕虫和蜘蛛。杨荫杭悬赏，鼻涕虫一个铜板一个，小蜘蛛一个铜板三个，大蜘蛛三个铜板一个，孩子们捉多赚多。

没多久，虫子都被捉尽，孩子们赚的钱都存在妈妈手里。过些时候，"存户"忘了讨账，"银行"也忘了付款，就成了一笔糊涂账。

杨家定居苏州，杨绛也结束了她的小学时代，升入苏州振华女中念中学。

那年她十二岁。

杨荫杭要子女"有志气"，他不重男轻女，只重视品德修为。

他还主张自食其力，不能不劳而获。假如孩子对某个东西想要得不行，他也只是说："世界上的好东西多着呢……"

言下之意，一是，你要得过来吗？所以，要学会取舍，看哪些是真正需要的，哪些是可要可不要的，哪些是完全不必要的。二是，想要的东西，要自己努力获得，不能伸手索取。

无论哪一种，对于孩子们都是极其良好的引导。

杨荫杭的"疯骑士"之名虽只是庸人给他扣的帽子，骑士之名却恰切，急人之难，急公好义。在家里，他一点不疯，倒是"凝重有威"，钱锺书对岳父的印象是"望之俨然，接之也温"。杨家的孩子们有福，有一个好父亲。

女儿天生跟爸爸亲，在家的时候，阿季爱拣爸爸写秃的毛笔练字，早饭后,给父亲泡一盖碗茶,父亲饭后吃水果,她给剥皮,吃干果,她给剥壳。

饭后歇午,孩子们都作鸟兽散,爸爸叫住阿季说:"其实我喜欢有人陪陪,只是别出声。"她便陪在午睡的父亲身边,静静看书,不出声。

冬天,她给父亲屋里的火炉添煤,轻轻夹上一块,姐姐和弟弟、妹妹常佩服她加煤能不出声。

大家庭里的女人最不好做。男人可以以公务为名,对家务少管甚或不管,女人却逃不得:一日三餐、四季单棉、床上铺什么单子、地上铺什么砖、冬天烧什么柴、餐桌上谁爱吃甜谁爱吃咸……杨绛的母亲就是这样一个忙人。

有一年冬天,晚饭后,忽然刮起大风。母亲说:"哎呀,阿季的新棉衣还没拿出来。"于是叫人点上洋灯。阿季哭了,却不懂为什么哭——她是识得这个"情"字了,感动得哭。

唐须嫈还有两个小姑子。

"三日入厨下,洗手作羹汤。未谙姑食性,先遣小姑尝。"大姑子、小姑子最是夫家难伺候的主儿,所以《红楼梦》里,嫂嫂李纨会戏嘲黛玉说:"真真恨得我只保佑明儿你得一个利害婆婆,再得几个千刀万恶的大姑子小姑子,试试你那会子还这么刁不刁了。"

杨家的两个小姑子算不上千刀万恶,但也是骄纵的大小姐,她们既不关心家事,也不分担辛劳。

杨荫榆见嫂嫂整天忙里忙外,却说如果自己动手抹两回桌子,她们(指女佣)就成了规矩,从此不给抹了,所以杨家的佣工总因为"姑太太难伺候"辞工。这个辞了,就要另找一个。谁知道下一个什么脾气、什么性格、手脚干净不干净、干活利落不利落?找一个好的佣工难,而这又是唐须嫈的活儿。

父亲给阿季做了一个好读书、自立自强的样板,母亲给阿季做了一个好妻子、好母亲的样板,小阿季就这样一点点成长为杨绛,成长为钱夫人,成长为杨先生。

唐须嫈是上过学的人,若难得有闲,做一回针线,也会有心情从针线筐里拿出《缀白裘》来看。临睡又爱看看《石头记》或《聊斋志异》,新小说她也爱。

有一次,她看了几页绿漪女士的《绿天》,说:"这个人也学着苏梅的调。"

杨绛笑着说:"她就是苏梅呀。"

第二章

现世安稳 岁月静好

北伐战争如火如荼时,游行、示威、静坐、罢课等学生运动亦起,如浪潮呼应月亮、太阳,形成潮汐汹涌翻卷。

一次,学生会要求在校学生上街游行搞宣传——拿一个板凳,站在上面进行演讲,呼吁过路群众。

杨绛也被推选上,可她不想参加,怕街上那些欺负女孩子的"轻薄人"——就是地痞流氓。当时学校有规定,若学生不赞成去宣传,则可以推掉这个事情,也可以推掉开会、游行、当代表。

杨绛犹豫不决,周末回家去问父亲。父亲说:"你不肯,就别去,不用借爸爸来挡。"

杨绛说:"不行啊,少数得服从多数呀。"

"该服从的就服从,你有理,也可以说,去不去由你。"杨荫杭要杨绛学会自己的事情自己做主,"你知道林肯说的一句话吗?Dare to say no!(敢于说不!)你敢吗?"

"敢！"杨绛一本正经地答道。

于是，杨绛返校，对学生会负责人说："我不去。"

最初，她的理由被当成"岂有此理"。很快，"岂有此理"变成了"很有道理"，因为真的有上街演讲的女同学遭到坏人非礼。

反正杨绛就是对此不感兴趣，林子大，百鸟生，有的鸟善鸣，有的鸟不善鸣。

杨荫杭的教育方式非常西式，凡事强调顺其自然，孩子们都很尊重他。

杨绛念高中，一直分不清平声和仄声，父亲也说顺其自然，果然到时候自然就会了。有时，父亲还特意踱到廊前，敲窗考她，某某字念什么声。杨绛念对了他笑，念错了他也笑。

杨荫杭不大赞成女孩子过度用功，说是身体娇柔，怕伤了精神，要短寿，也不赞成每门功课都考一百分却低能。封建时代考状元，寒窗苦读，胶柱鼓瑟，像孔乙己那样的，可不就是高分低能？

这一点杨绛不担心，她的功课一直不错，却很少考一百分，而且以后的事实证明，她很高能，用九十九分当书虫，用余下的一分应付生活，居然也像模像样。

杨绛这个书虫也是杨荫杭培养出来的。

父亲时常给她买书，或辞章，或小说，甚而会把她感兴趣的书亲手放在她桌上，若她不读，那本书就不见了——被父亲拿走了，但是父亲什么也不说。杨绛是聪明的，这像是一种谴责，她便难受了。

杨绛好奇父亲和自己一般大时什么样，想了很久，终是问了。父亲说:"就是和普通的孩子一样。"他不自大。杨绛也不自大,活到后来,举国追捧,她也难得灵台清明。

灵泉一脉,花树皆得滋养。杨绛的品性端淑,离不开父亲的教诲。

杨家的孩子们没有坐过汽车,也甚少被父亲带着访亲问友。

一次,父亲的朋友专程开车载他们到自己家。坐汽车已很新鲜,没想到父亲的朋友家竟然比自己家阔气太多,有洋房花园,有穿着体面的仆人,她们姊妹回家后一个劲儿地感叹。怪不得杨绛会谦称她家是"寒素人家",是有比较的。

父亲在一旁听了,淡淡地说:"生活程度不能太高的。"

平心而论,杨荫杭已经够了不起了,这么多孩子,还有两个妹妹,哪个不需要吃饭穿衣、读书上学?杨绛和钱锺书后来收入不菲,却仍旧保持清寒读书人的样子,除了夫妻风骨,也因杨绛从娘家带过来的清流之质。

杨绛读高中时,曾作《斋居书怀》诗:

世人皆为利,扰扰如逐鹿。
安得遨游此,翛然自脱俗。[1]

老师批阅道:"仙童好静。"

---

1 见杨绛《斋居书怀》,《振华女学校刊》1927年第1期。

"仙"字对了，出尘清洁，一袭素白衣，不施脂粉，不扭扭捏捏掐兰花指。"好静"更对，她就是一个轻言细语、手脚轻快、不大哭大笑、安安静静的小孩。

不过，她还有点"呆"。

大约是1926年，杨绛上高中一二年级时，学校教务长王佩诤先生办了一个平旦学社。

假期里，学社每星期都会邀请名人讲学，这次邀请的是章太炎先生。王佩诤先生事先吩咐杨绛说："季康，你做记录啊。"她以为做记录就是做笔记——听大学者讲学，当然得做笔记，便一口答应了。

讲学的地点在苏州青年会大礼堂，杨绛到时已座无虚席，她寻觅到一处人头稍稀处，正待挤过去，忽有办事人员招呼她上台——原来她的座位在台上。

此时章太炎先生已站在台上谈他的掌故。杨绛可没想到做记录要上台，有点胆怯，尤其是迟到了不好意思。她上台坐在记录席前，章太炎先生诧异地看了她一眼，接着讲他的掌故。杨绛看见自己的小桌上有砚台、一沓毛边纸、一支毛笔，这是为她准备的。

不过问题来了。

章太炎先生谈掌故，不知发生在何时，也不知谈的是何人何事。别说杨绛听不懂章太炎先生那一口杭州官话，即使说的是她的家乡话，她也一句不懂。掌故岂是人人能懂的？杨绛心想："国文课上老师讲课文上的典故，我若能好好听，就够我学习的了。上课不好好听讲，倒赶来听章太炎先生谈掌故！真是典型的名人崇拜，也该说是无识学子的势利眼吧。"

于是她拿起笔又放下。听不懂,怎么记?坐在记录席上不会记,怎么办?假装着乱写吧,交卷时怎么交代?况且乱写也得写得很快才像。冒充张天师画符吧,她又从没画过符。连连地画圈圈、画杠杠,难免被台下人识破。罢了,还是老老实实的吧。她放下笔,干脆不记,只专心听讲。

她专心地听,还是一句不懂,只好睁大眼睛看章太炎先生——使劲地看,恨不得把他讲的话都看到眼里,这样就能把他的掌故记住了。她离章太炎先生最近,看倒是看得仔细,全场唯有她看得最清楚:

> 他个子小小的,穿一件半旧的藕色绸长衫,狭长脸儿。脸色苍白,戴一副老式眼镜,左鼻孔塞着些东西。他转过脸来看我时,我看见他鼻子里塞的是个小小的纸卷儿。……据说一个人的全神注视会使对方发痒,大概我的全神注视使他脸上痒痒了。他一面讲,一面频频转脸看我。我当时十五六岁,少女打扮,梳一条又粗又短的辫子,穿一件浅湖色纱衫,白夏布长裤,白鞋白袜。这么一个十足的中学生,高高地坐在记录席上,呆呆的一字不记,确是个怪东西。[1]

杨绛就那么傻坐着,假装听讲,只敢看章太炎先生,不敢向下看。她想:"台下的人当然能看见我,想必正在看我。"她如坐针毡。

---

1 见杨绛《杂忆与杂写:1992—2013·记章太炎先生谈掌故》,生活·读书·新知三联书店 2015 年 4 月版。

好不容易掌故谈完，办事人员收了她的白卷，叫她别走，说还有个招待会。她不知道自己算是主人还是客人，趁主人忙着斟茶待客的机会，"夹着尾巴逃跑了"。

第二天，苏州报上登载了一则新闻，说章太炎先生谈掌故，有个女孩子上台记录，却一字没记。

杨绛出的洋相上了报，开学后，大家在国文课上把她出丑的事当作笑谈。她的国文老师马先生点着她说："杨季康，你真笨！你不能装样儿写写吗？"

她只好服笨，默不作声，心想装样儿写写自己又没演习过，敢在台上尝试吗？好在报上只说她一字未记，没说她一句也听不懂。她原是去听讲的，没想到却是高高地坐在讲台上，看章太炎先生谈掌故。她看章先生谈掌故，大家看她看章先生谈掌故。

她是真笨，为什么不能装样儿写写呢？可她就是那么乖，胆小到不会写就是不会写，傻坐着就是傻坐着。她始终不会八面玲珑，也不曾滥竽充数，更不会标榜清高，戴个高帽，行走江边，说什么"举世皆浊我独清，众人皆醉我独醒"。

就算世人皆浊，她也不想独清，她愿人人都活得像个"人"，像个"真人"；就算众人皆醉，她也不想独醒，她愿人人都活得清醒，像"真人"一样清醒。

1928年夏，小阿季要上大学了。

娃娃们都是种在花室里的花，长大后就要离开花室，生长、绽放在明晃晃的阳光下。说不定会落下倾盆大雨或者掉下砸死人的冰雹，于是花梗零落，花不成花。

可是，你不让她走出去成吗？各有命数啊。人是不能预知命运的，就算知道自己将来会遇良人，但也会遇战争，遇国难，遇到被批斗、被下放，遇到良人死去、白发人送黑发人，遇到数年孤寂，无人听到，无以言说……这样的一生，就能不过了吗？

若把一生分解成一天又一天，好像嗖地一下，还未抓住年的尾巴，就被甩到了年的另一边，长长的一生，就这么过来了。

杨绛正迎着她自己的光阴，以极静的姿态，慢慢开放。

杨绛心心念念要考清华大学，清华大学却不来南方招生，无奈只好就近报考了苏州的东吴大学，并被成功录取。

入学时，女生宿舍尚未建好，女生们被安置在一座小洋楼里，这原本是一个美国教授的家。第一年，杨绛被分在四五个人同住的一个大房间里；第二年的下学期，她又被分到和中学时的同班同学淑姐住一屋。

这间小房间是男仆的卧室，窗外风景极好，窗下有花木，窗上有常青藤缠绕。房间暗而静，一桌、二凳、二小床。因房间的门要用力抬一下才能合得上，二人睡觉时干脆不锁门，只把门带上，防止被风吹开。居住上称心满意，加上大学里的新鲜事物多，日子便过得飞快。而且，杨绛还当上了运动员，加入了校排球队。

过了半个多世纪，杨绛仍记得：

我们队第一次赛球是和邻校的球队，场地选用我母校的操场。大群男同学跟去助威。母校球场上看赛的都是我的老朋友。

轮到我发球。我用尽力气,握着拳头击过一球,大是出人意外。全场欢呼,又是"啦啦",又是拍手,又是嬉笑叫喊,那个球乘着一股子狂喊乱叫的声势,竟威力无穷,砰一下落地不起,我得了一分(当然别想再有第二分)。[1]

当时两队正平局,增一分,而且带着那么热烈的威势,对方气馁作罢,那场球赛竟胜了。杨绛可有资格骄傲了。后来,每当看到电视里播放排球赛,总会忍不住悄悄吹牛:"我也得过一分!"

一年以后,要分科了。

老师认为她该学理科,杨绛苦恼了,心想:"我在融洽而优裕的环境里生长,全不知世事。可是我很严肃认真地考虑自己'该'学什么。所谓'该',指最有益于人,而我自己就不是白活了一辈子。我知道这个'该'是很夸大的,所以羞于解释。"[2]

到底是年轻人,再安静也有一股子使命感,血是热的。

杨绛不知道自己"该"学什么,回家去问父亲,父亲却说:"没什么该不该,最喜欢什么,就学什么。喜欢的就是性之所近,就是自己最相宜的。"也就是说,不必考虑前途什么的,也不必硬拗着自己的本性与喜爱勉强随顺那个"该"字。喜欢文学,就学文学好了;爱读小说,就读小说好了。

---

[1] 见杨绛《杂忆与杂写:1933—1991·小吹牛》,生活·读书·新知三联书店 2015 年 4 月版。

[2] 见杨绛《将饮茶·回忆我的父亲》,生活·读书·新知三联书店 2015 年 5 月版。

那个年代的家长，少有像杨荫杭这么开明的。

于是，杨绛选了文科。东吴大学的文科只有法预科和政治系，没有文学系。法预科离父亲的专业近，她想选读法预科，以后给父亲做帮手，还可以积累素材以后写小说，没想到杨荫杭极力反对。

他做律师，最知道浮世如海，表面也许是一片蔚蓝的平静，谁知道底下涌动着怎样的噬人暗流。他自己已经是险情不断，壮志难伸，内心是痛苦的。女儿要选这个专业，吃这份苦，他舍不得。

最终，杨绛选了政治系。

可她的兴趣并不在此，她一生也不与政治亲，于是整天泡在图书馆，把课余时间都花费在这儿了。东吴大学的图书馆藏书无数，一本本书是一朵朵花，杨绛像是一只蜂蝶，恣意地采着蜜。

> 我既不能当医生治病救人，又不配当政治家治国安民，我只能就自己性情所近的途径，尽我的一份力。如今我看到自己幼而无知，老而无成，当年却也曾那么严肃认真地要求自己，不禁愧汗自笑。不过这也足以证明：一个人没有经验，没有学问，没有天才，也会有要好向上的心——尽管有志无成。[1]

她说自己有志无成，可谁又敢说她有志无成呢？！

东吴大学是一所教会大学，十分注重外语，杨绛在这里阅读了大量

---

[1] 见杨绛《将饮茶·回忆我的父亲》，生活·读书·新知三联书店2015年5月版。

原版的政法书和文学书,外语水平突飞猛进。后来,她又试着做翻译,在她翻译文学著作之前,已翻译过不少英文的政治学论文。

一次,杨荫杭问:"阿季,三天不让你看书,你怎么样?"

"不好过。"杨绛说。

"一星期不让你看书呢?"

"一星期都白过了。"

父亲笑道:"我也这样。"

人不可无癖,亦不可无友。书再好,也不能真的平生只与笔墨结成骨肉亲。就算黛玉闺房里放着满满的书,还有宝玉对她好,她也是需要朋友的,所以宝钗对她好,她会感激得不知如何是好,说也有,笑也有。

就像心房里装满了雨雪风霜、苦辣酸甜,需要往外倒一倒。倒给谁听呢?给父母?有些话对父母亦是不能讲的。给爱人?有些话对爱人也不方便言说。

杨绛不是孤僻的小孩,她有一个密友,叫周芬,个子高挑,与个子小巧的她搭配,像一棵芹菜和一棵豆苗。周芬的父亲是杨荫杭的下属,周芬跟着父亲去过杨绛的家,只不过她们两个那时没有见面。

世上的相遇,草蛇灰线,伏脉千里,暌违数载,日后追溯,方叫人目瞪口呆。

周芬就读于医学系,与杨绛趣味相投。后来杨绛搬到周芬所在的寝室,贪睡时便叫周芬替自己带个馒头回来,直睡到不得不起来。

杨绛吃馒头也能吃出花样。有次,她把馒头瓤挖着吃了,把馒头皮搓成细长长的一条,放在周芬的本子上,然后假装害怕,"吓"得哇哇叫:"好可怕,好可怕!"周芬也觉得好可怕,不敢靠近。这时,杨绛哈哈大笑,一把捉过虫子吃掉。周芬顿悟,追着她打。

两个人又都喜音乐,经常在一起研究乐器。有时杨绛吹箫,周芬吹笙,二人笙箫合鸣,琴音绕梁。

读到大三,振华女中的校长为杨绛申请到了美国韦尔斯利女子学院的奖学金——韦尔斯利女子学院是美国最好的女子学院之一,冰心、宋美龄都曾在此就读。只是每年的日常花销是学费的两倍,再加上路费,都需要家里负担。

杨荫杭夫妻对女儿不做要求,她如果愿意去,也可以去。

这一家人对于孩子求学、出门远行,好像都看得很淡,既不会因女儿要出国而欣喜若狂——她爹就是出过国的人;也不会因女儿未来花销巨大而愁眉不展——她爹舍得。杨绛则既不想增添家庭负担,也不想到美国去读她本就不喜欢的政治学,她宁可到国内的一所好大学读文学。

她不出国也对,不久后她的大弟弟病逝,这是父母失去的第二个孩子。

十指连心,失去哪一个都痛。杨荫杭和唐须嫈身边有阿季陪伴,痛楚也能稍减。

时间飞快,大四这年,学期将终,尚未大考,学生闹学潮,学校停课。唐须嫈得知情况,来学校接杨绛回家,杨绛央求母亲将周芬一起带走。

当时情况严重,学校门口有人把守,杨绛让母亲把她们二人的简单行李放在车上,一个人坐上去。校警见车上没有学生,便任由唐须嫈离开。

杨绛和周芬则在下午四点之后,利用学校允许学生出校门活动的一小段时间,来到校外卖小吃的地方——若有人追,就说来买小吃;所幸无人,就此脱身。后来,别的同学也想用这样的巧法子,但走到半路就被抓了回去。

在家里待到开学在即,杨绛和周芬,还有同班的徐君、沈君、孙君三位男生,结伴到燕京大学借读。

抵京考试完毕,杨绛同孙君一起来到清华大学的古月堂前,与孙君的表兄钱锺书初见。

唐须嫈常笑说:"阿季脚上拴着月下老人的红丝呢,所以心心念念只想考清华。"

这话不错。

当年,杨荫杭大病初愈后带着阿季看房,看的即是钱锺书的祖家。二人当时并未见面,却是好姻缘,天注定。

尽管北平是个大城,杨绛还是来了清华。

1932年早春,古城墙上的积雪开始融化,雪水滴滴渗进城墙缝,墙根下生出嫩草芽,像一幅灰白的素色的画,随着春风一点一点地吹,渐渐着上温暖与香色。古月堂前,杨绛与钱锺书初相遇,如山河遭逢,星月交辉,岁月惊动。他站在堂外门前,她从堂内一步步走出,乍然相逢,第一眼,就是他(她)了。

杨绛不是林黛玉,未见宝玉之先,有自己的母亲和宝玉的母亲为宝玉做铺垫，说他衔玉而诞，又是什么混世魔王。直到见了，发现对方是个英俊清秀的公子，反差大了，再加上前世夙缘，心便动了。

杨绛是才女校花，自然有不少人追求。然而别人追她，她不动心，直到遇到钱锺书，她的心才彻彻底底地乱了。

春水初生，春林初盛，春风十里，终得见你。

幼年时的苏州好友蒋恩钿为杨绛办好了借读清华大学的手续，另外四人则留在了燕京大学。

诗中云，"青溪水木最清华""香心淡染清华""零露凝清华"……

"清华"两字含蓄而雅致，"清华大学"这个名字是真的好。不光名字好，清华大学也好。

清华大学，初名清华学堂，是用美国退还的"庚子赔款"创办的一所留美预备学校，因设立在清朝遗园——清华园而得名。辛亥革命后，清华学堂改名为清华学校。1928年，改为国立清华大学。

清华大学人才济济，名教授云集。外文系的王文显和吴宓都与杨绛有颇深渊源。

先说王文显，其祖籍为江苏昆山。

这又是一个好地方，粉墙黛瓦，曲桥流水，吴侬软语。

我曾去过这里，吃过这里的乌稔饭团，一种青色的糯米团子，江南水上人家在春末老时的饭食。这里出门即河，河两旁种着香樟树，红红的新叶生发，老叶安身不牢，一阵风起，枯叶哗哗飘落。土菜馆里有老豆腐，既韧又嫩；鱼肉蒸蛋鲜香，滑爽；清炒嫩青蚕豆，一股清新的豆香扑鼻而来；还有韭菜炒螺蛳、红烧昂刺鱼，十几元钱一斤的昂刺鱼烧出来，比北地近百元一斤的鲈鱼鲜嫩、味美；还有炒米线，不是白白的米线，是将青菜加蒜瓣翻炒，口感柔软缠绵。

江南好比春风，此地的人和菜好比杨柳，风拂柳斜，令人遐想。

王文显是华侨家庭的小孩，1886年生于英国，长于英国，获伦敦大学学士学位。回国后任教于清华大学，开设了"外国戏剧""戏剧专题研究""戏剧概要"等课。听过他课的人都觉得愉悦，一位清华大学的校友说："他的英文讲得太好了，不但纯熟流利，而且出言文雅，音色也好。……听他叙述英国威尔逊教授如何考证莎士比亚的版本，头头是道，乃深知其于英国文学的知识之渊博。"

受他的影响，杨绛开始接触西洋戏剧，并走上了戏剧创作之路。

再说吴宓。其为陕西泾阳人，1894年出生，1911年——杨绛出生那一年，考入清华学校留美预备班，1917年赴美留学，1921年回国，1925年任清华国学研究院主任，教授"翻译术"等课程，翌年任清华大学外文系教授。

杨绛选修过吴宓的"中西诗文比较""翻译术"等课，"翻译术"注重培养动手能力，这为杨绛后来从事文学翻译工作打下了好基础。

杨绛考入清华大学研究生院时，钱锺书已离开。他们经常通信，钱锺书偶有问题要向吴宓先生请教，便央杨绛转一封信或递个条子。杨绛有时在课后传信，有时到吴先生居住的西客厅去。

有一次，杨绛去西客厅，见吴先生的书房门开着，他正低头来来回回地踱步。杨绛在门外等了一会儿，吴先生并未察觉。杨绛轻轻地敲敲门，吴先生猛地抬头，怔一怔，两食指抵住两太阳穴对她说："对不起，我这时候脑袋里全是古人的名字。"

这就是说，吴先生叫不出杨绛的名字了。当然，他是认识她的。杨绛有眼色，递上条子略谈钱锺书近况，赶忙走了。

杨绛的同学们说吴先生"傻得可爱"，杨绛只觉得他老实得可怜。

当时吴先生刚出版了诗集，同班同学借口研究典故，追问每一首诗所指的事情。有的他乐意说，有的不愿说。可是他像个不设防的城市，一攻就破，问什么，说什么，连他意中人的小名都说出来了。

杨绛后来回忆：

> 吴宓先生有个滑稽的表情。他自觉失言，就像顽童自知干了坏事那样，惶恐地伸伸舌头。他意中人的小名并不雅驯，她本人一定是不愿意别人知道的。吴先生说了出来，立即惶恐地伸伸舌头。我代吴先生不安，也代同班同学感到惭愧。作弄一个痴情的老实人是不应该的，尤其他是一位可敬的老师。[1]

吴宓先生成了众口谈笑的话柄——他早已是众口谈笑的话柄。他老是被利用，被作弄，上当受骗。吴先生又不是糊涂人，当然能看到世道人心和他的理想并不一致，可是他安之若素，仍坚持自己一贯的为人。

做学问的人都有股子痴气，太过风流倜傥的人做不了大学问。

杨绛先是有那样的好家庭，那样的好父亲、好母亲，如今又进了这

---

[1] 见杨绛《吴宓先生与钱锺书》，《读书》1988 年第 6 期。

样一所好学校，遇到这样的好老师，这就是起点。

如果说好家庭是她命好修来的，好学校却是她自己考取的，所以严格地说，这不算沾光，只能说她不浪费福分，也不浪掷聪明。她不叛逆，不虚度光阴，好读书，好静，这是她的选择。

杨绛选修了中文系的写作课，老师是朱自清。

她走上文学创作之路，是受了朱自清的启蒙。

1933年，杨绛完成处女作《收脚印》，朱自清觉得很好，送给《大公报·文艺副刊》的编辑沈从文，刊发于12月30日，署名杨季康。

隔了一年，杨绛"第一次试作的短篇小说"又被朱自清推荐到《大公报·文艺副刊》，那篇小说原题《路路，不用愁！》，后改名《璐璐，不用愁！》。

杨绛的才情就像春草初生，不是一霎时便芳林远道、乱花滋生，而是一根一根地，轻轻缓缓地，绿起来，绿起来。

第三章

执子之手，与子偕老

第三章 执子之手，与子偕老

杨绛初见钱锺书时，钱锺书已经是名满清华的才子了。

世上有一种人，很帅，帅得让人忘记他别有才能，只记得他的帅；世上又有一种人，很帅，让人记住的却是他的才能，而忽略了他的帅。

钱锺书秀眉朗目，如芝兰玉树，德才兼备，若是他肯略费心神，便能让人记得他的帅。惜乎！他读书太多，满身痴气，活活让人忘记了他的模样，只记得他是清华园的才子，"写起文章纵横捭阖，臧否人物口没遮拦"。

杨绛也是书痴，自然对博览群书的人起好奇之心。与他初次相见后，杨绛便向同学打听钱锺书其人，同学说他已经订婚。

订婚就订婚，大不了像《小王子》里的小王子与一大片玫瑰花，风过花无痕。不过，若说初见无情，杨绛又打听其人做什么？必是风拂花片，动了心。

杨绛个头小，长得玲珑，肤白，娴静，她的室友说她具备男生追求女生的五个条件："第一，相貌好；第二，年纪小；第三，功课好；第四，身体健康；第五，家境好。"偏偏杨绛美而不自觉其美，发表了文章又不自认有才，功课好又不自认聪明，家境好又不自认好，还说自己出身"寒素人家"。她年纪小，又害羞，情窦未开，就算收到情书也是无动于衷。

据说，向杨绛示好的男生有孔门弟子"七十二人"之多，更有人作诗给她：

> 最是看君倚淑姊，鬈丝初乱颊初红。

这诗好像只是传闻，后来杨绛否认，说只是一般来信。

信的真假不知，反正杨绛的心在遇见钱锺书之前，如风里花片，上下浮沉，无主无根。其他女同学交男朋友、秀恩爱，她只管看书、写写字，心境如冰蓝的衫子绣着折枝的红梅花，蓝也蓝得干净，艳也艳得安静。

钱锺书也打听杨绛，结果被人告知她已有男友——哪里来的男朋友，只是相识多年的好友费孝通。

当年，费孝通随家人搬到苏州，因费母和当时苏州振华女中的校长王季玉是好友，便让他去振华女中读书。这怎么成！费孝通死活不去。怎奈母上严厉，他只好做了女校唯一的男生，和杨绛同班，后来一同考入东吴大学。

---

1 见杨绛口述、吴学昭著《听杨绛谈往事》，生活·读书·新知三联书店 2017 年 5 月版。

费孝通喜爱杨绛，对爱慕杨绛的男生宣讲："我跟杨季康是老同学了，早就跟她认识，你们追她，得走我的门路。"

钱锺书回忆初见杨绛时写道：

缬眼容光忆见初，蔷薇新瓣浸醍醐。
不知䤃洗儿时面，曾取红花和雪无。[1]

啊，我又回忆起了当年初见你时你的容光，好像蔷薇的花瓣浸入洁白的牛奶，像初生的婴儿一样光润好看，又带着一丝腼腆。不知道你怎么得来的好容颜，是不是用白雪和红花洗脸？

这最末一句"红花和雪"，是用典，北齐崔氏的《洗儿歌》中说，春天时用白雪和红花给小婴儿洗脸，可期面色好看。

这个高才生果真名不虚传，多么偏僻的书角都能看见。

虽晓得了对方是"使君有妇"和"罗敷有夫"，钱锺书还是约了杨绛见面。他见了杨绛，第一句话就是："我没有订婚。外界传说我已经订婚，这不是事实，请你不要相信。"

原来，钱锺书有一个远房姑母，家有一养女，姑母有意许给钱锺书，钱家人也同意了这门亲事，只是钱锺书一味捧书憨读，不予理会。一遇杨绛，知道她是命里的人，于是急急澄清——依他的脾气，对那不相干的人澄清个什么劲！

---

[1] 见钱锺书《槐聚诗存·偶见二十六年前为绛所书诗册、电谢波流似尘如梦复书十章》，生活·读书·新知三联书店 2002 年 10 月版。

杨绛也说:"我没有男朋友。坊间传闻追求我的男孩子有孔门弟子'七十二人'之多,也有人说费孝通是我的男朋友,这也不是事实。"

两个人都幸运。

若是杨绛嫁一个达官贵人,官场厮混,怎么能得她喜欢?她的父亲就不是混官场的人。若是杨绛嫁一个豪阔商人,商场博弈,怎么能得她喜欢?她有足够的安全感,不需要用钱支撑,并不觉得钱多能有多少用。若是杨绛嫁一个贩夫走卒——你敢想吗?反正我是不敢想。

世上事最好看的就是明月照在雪上,花瓣映在水中,小娃娃蹦蹦跳跳笑。相反,最难看的就是明月照在污塘,雪地踩出泥渍,花瓣揉碎捣毁。世上最登对的就是你想要的撞上他能给的,而今他们撞上了。

女儿钱瑗曾经问父亲:"爸爸,咱俩最'哥们儿'了,你倒说说,你是个近视眼,怎么一眼相中妈妈的?"

钱锺书说:"我觉得你妈妈与众不同。"

好个与众不同。

寂寞人群,鼎沸人间,同气相求,同声相应,你与我都与众不同。

大四这年,杨绛修习了蒋廷黻的《西洋政治史》、浦薛凤的《政治经济史》,还有温源宁的《英国浪漫诗人》。不过温源宁不待见她,听说钱杨谈朋友,特意告诉自己的得意弟子钱锺书:"Pretty girl(漂亮女孩)往往没头脑。"这次他错了,杨绛是美貌与头脑并重的。

二人数次会于工字厅,钱锺书鼓励杨绛报考清华大学外文系的研究生,指点她要找哪些书来看,甚至提出先订婚,却被杨绛拒绝。

她审慎,不冲动,觉得过程太快,订婚太早,这样不好。

后来，杨绛结束了借读生活，回到苏州，经亲戚介绍做了小学教员，月薪一百二十元。这样既清闲，又有时间备考。她认真，既是教书，自然要教好，所以不愿意将全部精力都投入到备考中，想推后一年。钱锺书不高兴，想她快快来考，这样还能同在一起一年时间。

两人起了争执，皆因路途遥远，相思太浓。就连他给她写的诗也像李商隐了：

> 缠绵悱恻好文章，粉恋香凄足断肠。
> 答报情痴无别物，辛酸一把泪千行。
> 依嬢小妹剧关心，髫龀多情一往深。
> 别后经时无只字，居然惜墨抵兼金。
> 良宵苦被睡相谩，猎猎风声测测寒。
> 如此星辰如此月，与谁指点与谁看。
> 困人节气奈何天，泥煞衾函梦不圆。
> 苦雨泼寒宵似水，百虫声里怯孤眠。

初初识得爱滋味，年少惆怅是轻狂。

杨绛回信少，钱锺书便幽怨道："别后经时无只字，居然惜墨抵兼金。"

才子情怀化成诗，眼前无物不相思。想念想到情深处，拉来理学也成诗——理学就是道学了，是要"存天理，灭人欲"的，只讲夫妇"敦伦

---

1 见钱锺书《壬申（1932）年秋杪杂诗》，《国风》半月刊第3卷第11期（1933年12月1日）。

之礼",不讲夫妻情调爱欲。

把理学语录融进诗里,好比脱掉道学先生的长袍,给他换一袭淡绿的长衫,塞一把风雅的纸扇,拉他来到站在桥头的大姑娘面前,摇摇晃晃道:"除蛇深草钩难着,御寇颓垣守不牢。"

别人不敢干,钱锺书敢干;别人干不来,钱锺书干得来。他是才子,他是情人,他拉着人家摇摆完了还显摆道:"用理学家语作情诗,自来无第二人!"

钱锺书和杨绛,看似皆多理少情、恬淡少欲,但他们真的是探知到人性深处至精至纯、简淡之风的真人。他们不是理学家,不板正;他们不是红尘男女,不妖艳。他们登对般配,好比雪落梅枝、月入水影,清寒的夜里一曲笛音吹起,便会从另一头飘来相和的箫声。

他们到玉泉山游玩,一同坐在门槛上,不舍得起身,把人家的门槛都坐暖了。面面相对说着话,说着说着就忘了要说什么,只觉得两颗心在一同跳,怦怦,怦怦。

有诗为证:

> 欲息人天籁,都沉车马音。
> 风铃呶忽语,午塔闲无阴。
> 久坐槛生暖,忘言意转深。
> 明朝即长路,惜取此时心。[1]

---

[1] 见钱锺书《槐聚诗存·玉泉山同绛》,生活·读书·新知三联书店 2002 年 10 月版。

这大约是钱锺书即将离开北京时作的，要不为什么会说"明朝即长路，惜取此时心"？

杨绛还是会写信的，结果她的一封信被钱锺书的父亲钱基博"截获"了，不但"截获"了，他还拆了，读了。

这个事情放到现在不可理解，放到杨绛家也不可理解，但是放到钱锺书家就可以理解了。

《围城》的主角方鸿渐生活在一个大家庭，大家庭的大家长就是他的父亲方遯翁，身为"一乡之望"，说话文绉绉，时刻不忘教训人；还给怀孕的儿媳妇开药方，因为想走"不为良相，便为良医"的路子；还热衷于记日记，记的也都是些教育人的话；当然，他也会拆开方鸿渐的信来看。

这个老爷子和钱锺书家的老爷子有点像。

杨绛在信中写道：

> 现在吾两人快乐无用，须两家父母、兄弟皆大欢喜，吾两人之快乐乃彻始彻终不受障碍。[1]

钱老先生看后"得意非凡"，直说："此真聪明人语！"

这就叫天作之合，这么好、这么适合给家长看的话，偏偏就让爱拆信的家长看见了。

---

[1] 见罗银胜《杨绛传（追思纪念版）》，天地出版社 2016 年 5 月版。

而且这个家长还代儿子回信,把儿子郑重地托付出去——这便更像方遯翁了。

1932年寒假期间,钱锺书拜见杨绛父母。

其时,杨荫杭已经不做律师,做不了了。一次开庭,全场人等他发言,他却开不了口,中了风。他老了,英雄终于迟暮。但是他的学识还在,识人的高明还在。

过后,杨绛问他对钱锺书的印象如何,他说:"人是高明的。"

于是,他们就在风暖水软的苏州订了婚。

杨绛回忆道:

> 五十、六十年代的青年,或许不知"订婚"为何事。他们"谈恋爱"或"搞对象"到双方同心同意,就是"肯定了"。我们那时候,结婚之前还多一道"订婚"礼。而默存和我的"订婚",说来更是滑稽。明明是我们自己认识的,明明是我把默存介绍给我爸爸,爸爸很赏识他,不就是"肯定了"吗?可是我们还颠颠倒倒遵循"父母之命,媒妁之言"。默存由他父亲带来见我爸爸,正式求亲,然后请出男女两家都熟识的亲友做男家女家的媒人,然后,(因我爸爸生病,诸事从简)在苏州某饭馆摆酒宴请两家的至亲好友,男女分席。我茫然全不记得"订"是怎么"订"的,只知道从此我是默存的"未婚妻"了。那晚,钱穆先生也在座,参与

了这个订婚礼。[1]

这就是古礼吧。

这样,杨绛和钱锺书的人生大事就算定了,好比飞花扬尘、杨絮乱舞,如今山明水净,春山里,花朵静开在花枝。

天赐良缘,也天妒良缘。

杨绛,若你知道你们虽然恩爱共度、艰辛共尝数十载,却要由你一人度过余生的漫漫长夜,你还肯不肯?你是会选择与这样一个爱侣共度大半生,却要在长长的余生中一人摆渡,无人做伴,还是会选择一个和自己没有那么多共同语言,却能够和你白头偕老,甚至在你之后离开,不叫你孤单的人呢?

生活中灯泡坏了,总得要人换;走在大街上,谁也不想一个人孤孤单单的,像是踏在水面上,心里晃晃荡荡;下班买了菜,奔回家,做给身边人吃,两个人围着炉火,一说"倒点醋",一说"倒醋不好吃",这样温暖的对话,谁都想在自己的生活里天天发生。就算你有再高的追求、再深的内心,也总要有人和你共度寻常柴米油盐的日子,也总要有人和你分享细细碎碎的生之烦恼与欢喜。

不管未来怎样,如今的日子像光鲜的红毯,正一点点地向前铺开。

订婚罢,钱锺书要去上海报考庚子赔款资助的公费留学考试。1930

---

[1] 见杨绛《杂忆与杂写:1933—1991·车过古战场——追忆与钱穆先生同行赴京》,生活·读书·新知三联书店 2015 年 4 月版。

年9月，中英两国政府换文协定，英方归还中方庚子赔款；翌年4月，设立董事会专门管理这笔款项，管理的方法是先把资金借出去以兴办铁路及从事其他生产建设，借款的利息用来兴办教育文化事业，主要是举办留英公费生考试、资助国内优秀人才到英国学习。

钱锺书既然以考取公费留学生为目标，便不得不按照规定去私立上海光华大学积累为期两年的社会服务经验。

杨绛则考取了清华大学研究院外国语言文学部，和季羡林是同班同学。

因为钱穆在燕京大学任职，钱基博便把他介绍给了杨绛，二人约定同车赴京。钱穆是中国现代历史学家、国学大师，也是一个大大的牛人——那年头，牛人多得很！

赴京的火车上，杨绛和钱穆闲聊。钱穆说杨绛能抉择，是有决断的人，因为她的行李简单——她只带了一个大箱子和一个大铺盖。杨绛偷笑，此次去北京她已经有了经验，所以才抛下无用之物。

火车过了蚌埠，窗外无山、无水、无树、无禾稼与房屋，只有大土墩子连绵起伏。杨绛嫌这段路乏味，钱穆却指点她说这里是古战场，还指出哪里可以安营扎寨，哪里可以冲锋杀敌。杨绛顿时觉得历史如画布一般，在这片土地上铺开，大土墩子也让人觉得有味。

此后二人没有再见面，但是每逢坐火车经过古战场，杨绛总会想起钱先生。

这期间，杨绛与钱锺书二人分隔两地，情诗不断。

钱锺书还于1934年自费出版了一本名为《中书君诗》的诗集，但只飨师友。

吴宓得了一本，还专门作《赋赠钱君锺书即题〈中书君诗〉初刊》回赠，其中有句"才情学识谁兼具？新旧中西子竟通"，是对钱锺书的大大夸赞。

钱锺书与杨绛几乎一天一封信，但不是规规整整的信，只能算是二人共享的日记。信里面什么都写：读什么书、见什么人、遇什么事、多么思念彼此……

钱锺书的落款千奇百怪，常用"奏章"，他说这是"禀明圣上"的意思——恋爱中的男人会自觉自愿地低声下气，这个不用人教。

还有一次钱锺书落款"门内角落"，原来是英文"money clock"的音译，"钱"和"钟"之意。

1934年春节，钱锺书去北京看杨绛，二人同游，钱锺书作诗：

分飞劳燕原同命，异处参商亦共天。
自是欢娱常苦短，游仙七日已千年。[1]

杨绛爱清华大学，也爱这里的图书馆。

早在她借读清华大学的时候，她的中学旧友蒋恩钿——如今也在清华大学读书，就跟她卖弄说："我带你去看看我们的图书馆！墙是大理石的！地是软木的！楼上书库的地是厚玻璃！透亮！望得见楼下的光！"她带杨绛来到图书馆门外，指着图书馆的墙壁说："看见了吗？这是意大

---

[1] 见钱锺书《北游纪事诗》，《国风》半月刊第4卷第11期（1934年6月1日）。

利的大理石。"

杨绛跟着蒋恩钿走入图书馆,充满敬畏地想:"地,是木头铺的,没有漆,因为是软木吧?"她想摸摸软木有多软,可是怕人笑话;终于趁人不见,蹲下去摸了摸,轻轻用指甲掐掐,原来是掐不动的木头,不是做瓶塞的软木。

上楼转了几个来回,下楼临走,她还对厕所印象深刻。杨绛后来回忆道:

> 我们走进一间屋子,四壁是大理石,隔出两个小间的矮墙是整块的大理石,洗手池前壁上,横悬一面椭圆形的大镜子,镶着一圈精致而简单的边,忘了什么颜色、什么质料,镜子里可照见全身。室内洁净明亮,无垢无尘无臭,高贵朴质,不显豪华,称得上一个"雅"字。[1]

她的同学不是向她炫耀商场、卖场、珠宝首饰店,而是炫耀图书馆。如今,还有几个人炫耀图书馆,更不要说偷偷蹲下身去摸人家的地板了。

杨绛自述道:

> 我曾把读书比作"串门儿",借书看,只是要求到某某家去"串门儿",而站在图书馆书库的书架前任意翻阅,就好比家家户

---

[1] 见杨绛《我爱清华图书馆》,《光明日报》2001年3月26日。

户都可任意出入，这是唯有身经者才知道的乐趣。我敢肯定，钱锺书最爱的也是清华图书馆。[1]

钱锺书和杨绛，"书虫夫妇"当之无愧。

某天，著名外交家、书法家叶公超托赵萝蕤邀请杨绛到家里吃饭。杨绛猜叶先生大约是要认认钱锺书的未婚妻，不好拒绝，便去了。

这餐饭后，彼此熟悉起来，再见时，叶公超拿了一册英文刊物，指着其中一篇叫杨绛翻译，说是《新月》要这篇译稿。杨绛想着大约是叶先生要考考自己，便接下了。

她此前从未学过翻译，而且叶公超要她翻译的是一篇政论，虽然她大学读的是政治学，但对政论没有丝毫兴趣。这篇文章既沉闷又晦涩，读懂尚且不易，更不用说翻译了。也不知道她怎么七翻八翻，居然翻译出来了，叶公超看了还说很好，不久即在《新月》刊登。

这只是一次小小的偶然事件，谁知道她以后会成为鼎鼎大名的翻译家呢？

命运和际遇这回事，若只注目眼前的一点，看起来就像是大珠小珠落玉盘一般零散；可是要退远些看，就能看到穿起落珠的丝线。所以啊，没有什么是偶然的。

1935年，钱锺书在光华大学任教两年期满，于当年4月参加了第

---

[1] 见杨绛《我爱清华图书馆》，《光明日报》2001年3月26日。

三次留英考试。应考者数百人，只有二十四人被录取，钱锺书是这二十四人中唯一一个英国文学专业的，而且总成绩最高。

钱锺书希望未婚妻陪他一同出国，杨绛也忧心未婚夫不善料理日常生活。在《记钱锺书与〈围城〉》中，杨绛有详细的描写：

> 锺书自小在大家庭长大，和堂兄弟的感情不输亲兄弟。亲的、堂的兄弟共十人，锺书居长。众兄弟间，他比较稚钝，孜孜读书的时候，对什么都没个计较，放下书本，又全没正经，好像有大量多余的兴致没处寄放，专爱胡说乱道。钱家人爱说他吃了痴姆妈的奶，有"痴气"。
>
> ....
>
> 锺书跟我讲，小时候大人哄他说，伯母抱来一个南瓜，成了精，就是他；他真有点怕自己是南瓜精。那时候他伯父已经去世，"南瓜精"是舅妈、姨妈等晚上坐在他伯母鸦片榻畔闲谈时逗他的，还正色嘱咐他切莫告诉他母亲。锺书也怀疑是哄他，可是真有点担心。他自说混沌，恐怕是事实。这也是家人所谓"痴气"的表现之一。
>
> 他有些混沌表现，至今依然如故。例如他总记不得自己的生年月日。小时候他不会分辨左右，好在那时候穿布鞋，不分左右脚。后来他和锺韩同到苏州上美国教会中学的时候，穿了皮鞋，他仍然不分左右乱穿。在美国人办的学校里，上体育课也用英语喊口号。他因为英文好，当上了一名班长。可是嘴里能用英语喊口号，两脚却左右不分；因此只当了两个星期的班长就给老师罢

了官,他也如释重负。他穿内衣或套脖的毛衣,往往前后颠倒,衣服套在脖子上只顾前后掉转,结果还是前后颠倒了。或许这也是钱家人说他"痴"的又一表现。

　　锺书小时最喜欢玩"石屋里的和尚"。我听他讲得津津有味,以为是什么有趣的游戏;原来只是一人盘腿坐在帐子里,放下帐门,披着一条被单,就是"石屋里的和尚"。我不懂那有什么好玩。他说好玩得很;晚上伯父伯母叫他早睡,他不肯,就玩"石屋里的和尚",玩得很乐。所谓"玩",不过是一个人盘腿坐着自言自语。这大概也算是"痴气"吧。[1]

　　一味好读书,读得不记生日,不会穿鞋穿衣,若搁现在,会被人称为"傻子"。可是,这样的"傻子"再多些又有何妨?

　　杨绛虽然有意出国,奈何她所在的外国语言文学部不同于其他部——各部毕业生都被送出留学,唯外国语言文学部毕业生不得出国,要想出国,只能自费。杨绛也将毕业,她打定主意,不再参加最后一门功课的大考,并和老师商量以论文来代替,也没等取得文凭,提前一个月便收拾行李回家去了。

　　为什么?因为她要和钱锺书结婚!结罢婚要陪爱人出国!她不想再等了!

　　若不是因为真的爱钱锺书,杨绛不会嫁他,不会夫唱妇随,不会随钱锺书背井离乡。她对出国没有瘾,此前有出国的机会都没要。

---

[1] 见钱锺书《围城·记钱锺书与〈围城〉》,人民文学出版社2017年6月版。

杨绛以前极不喜欢仪式化的东西,觉得家常过日子,就像流水一样地过下去便是。如今却觉得这流水一样的日子,如同一根长长的绳子,需要像古人结绳记事一般,在一个个鲜明特殊的日子里打下仪式的标记:生日、相逢日、订婚日、结婚日……好比散落在水里的一颗颗圆圆的彩石,捞起一颗,忆起当日,心头便泛起喜气。

杨绛急着回家见爸妈,张罗自己的婚姻大事——她的爸妈是那样开明,否则杨绛怎么敢张罗着以最快的速度把自己嫁出去。

她急匆匆回家,连封家信也来不及写。到家已是午后三点左右,她把行李搬到门口,飞也似的跑进家里,连声喊:"爸爸!妈妈!"

父亲"噢"了一声,掀帐子下床,说:"可不是回来了!"

原来,父亲午睡刚合眼,莫名地觉得阿季回家了。他爬起来听听无声息,以为在太太房里,跑去看不见人,又跑到别的房间,还是没人。他问母亲:"阿季呢?"

"哪来阿季?"母亲问。

"她不是回来了吗?"父亲说。

母亲回答:"这会子怎么会回来?"

这不,真就回来了。可能是阿季发出的信号被父亲接收到了,杨荫杭于是说:"曾母啮指,曾子心痛,我现在相信了。"

孩子大了,父母老了;孩子飞了,家里空了。杨家几个儿女分散各地,父亲一手置办的庭院悄无人声,前前后后十几个房间都是空的。

好像空巢一直就是老人的命运。古人害怕这样,所以把孩子绑在身边,用"父母在,不远游"的孝道束缚住孩子的身体。虽然一家团圆,但也限制了孩子的选择。

杨荫杭和唐须嫈不是那样的父母。上次杨绛不出国留学，不是因为他们阻止，而是杨绛自己不愿意去，心心念念要去清华；如今她在清华找见爱侣，要随之远走高飞，父母便赶紧替女儿准备婚嫁事宜。他们不阻挠、不干涉、不说教、不卖弄亲情，只是放她自己成长。

旧历六月十一日，晚，小姐宴。

当地风俗，姑娘出嫁前几天，要办一桌宴席，专请自己的闺蜜。姐妹来送行，称为"小姐宴"。那天，阿季的姐妹、女伴、亲戚、同学坐了一桌，大家吃吃喝喝，欢欢乐乐。

只是阿季心中难过：要离开爸爸了，要离开妈妈了，要离开祖国了，要开始新的生活了，将来会是什么样，谁知道呢？

溽热的夏，他们举办了婚礼。

杨家为女儿举办的是西式婚礼，就在苏州的杨家大厅内。杨绛身穿婚纱，有小花童提长纱，有小花女提花篮。婚礼由父亲杨荫杭主持，贺客齐聚，洋洋喜气。席间却有一人——杨荫榆，穿了一身用白夏布做的衣裙和白皮鞋。贺客诧怪，以为她披麻戴孝来了。

杨荫榆其实没有恶意，她只是不知道怎么穿戴合适，或者觉得穿戴什么都合适。

杨绛后来回忆：

> 结婚穿黑色礼服、白硬领圈给汗水浸得又黄又软的那位新郎，不是别人，正是锺书自己。因为我们结婚的黄道吉日是一年里最热的日子。我们的结婚照上，新人、伴娘、提花篮的女孩

子、提纱的男孩子，一个个都像刚被警察拿获的扒手。[1]

后来，这个场景还被钱锺书嫁接到《围城》里，安排在了苏文纨和曹元朗的婚礼上。

钱家为他们举办的是中式婚礼，钱父本就是土生土长的遗老式人物。钱锺书迎娶杨绛的仪式在无锡七尺场举行，无锡国学专修学校校长唐文治也来祝贺，还有陈衍老先生和新月诗人兼学者陈梦家及其夫人赵萝蕤等，济济一堂，喜气洋洋。

红装带绾同心结，两人就此成了夫妻，天作之合，天成其美。如一首悠扬的情歌，奏着最幸福的旋律；如一匹华丽的丝绸，流光溢彩；如一树的柿子，结出最大最红的一对；如夜莺歌唱，声声婉转娇啼。

你不是夜莺，又怎能知道它倾吐着怎样的暖语？

婚礼过后，小两口都累得生病了。唐须嫈特备酒宴等女儿女婿回门，却是空欢喜。二人病愈后，钱锺书去做出国前的培训，杨绛则由小姑子陪同回门，拜见母亲。

谁料想，钱锺书自此竟未能再得见唐母——我们只晓得时日长远，却不知道哪里会是一个断点；我们只晓得日日做伴，却不知道何时声杳人远。

世上事，说不得的是离散悲欢。

---

[1] 见钱锺书《围城·记钱锺书与〈围城〉》，人民文学出版社 2017 年 6 月版。

小夫妻要走了，乘火车从无锡出发。途经苏州，火车停靠在月台时，杨绛突然泪如雨下，想跳下火车跑回家见爸爸妈妈。她悲伤万分，不舍离别——"我感觉到，父母在想我，而我不能跳下火车，跑回家去再见他们一面。"

哐当哐当，火车走了。

"行行重行行，与君生别离。相去万余里，各在天一涯。"

日光之下，悲伤是旧悲伤，人心总是新凄凉。

　　红海早过了，船在印度洋面上开驶着，但是太阳依然不饶人地迟落早起，侵占去大部分的夜。夜仿佛纸浸了油，变成半透明体；它给太阳拥抱住了，分不出身来，也许是给太阳陶醉了，所以夕照晚霞隐褪后的夜色也带着酡红。到红消醉醒，船舱里的睡人也一身腻汗地醒来，洗了澡赶到甲板上吹海风，又是一天开始。这是七月下旬，合中国旧历的三伏，一年最热的时候。……这船，倚仗人的机巧，载满人的扰攘，寄满人的希望，热闹地行着，每分钟把沾污了人气的一小方水面，还给那无情、无尽、无际的大海。[1]

　　《围城》开篇即是坐船，怕是钱锺书把他们夫妻二人坐船的体验搬到了书里。他们搭乘远洋的轮船，驶向遥远的异国他乡。

　　钱锺书又在书里借着赵辛楣的口讲：

1　见钱锺书《围城》，人民文学出版社2017年6月版。

像咱们这种旅行，最试验得出一个人的品性。旅行是最劳顿，最麻烦，叫人本相毕现的时候。经过长期苦旅行而彼此不讨厌的人，才可以结交做朋友——且慢，你听我说——结婚以后的蜜月旅行是次序颠倒的，应该先同旅行一个月，一个月舟车仆仆以后，双方还没有彼此看破，彼此厌恶，还没有吵嘴翻脸，还要维持原来的婚约，这种夫妇保证不会离婚。[1]

显然，这是他们夫妻二人旅行的体会。想说情话的时候有人听，不想说情话的时候有书看：几本碑帖、一巨册约翰逊博士的字典——不知道钱锺书终生喜欢阅读字典，是不是由此肇端。不想说情话、不想看书的时候，还有美女可以看。

《围城》里的鲍小姐纤腰一束，长睫毛下一双欲眠似醉、含笑带梦的大眼睛，圆满的上嘴唇鼓着，好像在跟爱人使性子。暗而不黑的颜色、肥腻辛辣的引力，被英国人以为这是地道的东方美人——这位鲍小姐，正合《天方夜谭》里阿拉伯诗人歌颂的美人条件："身围瘦，后部重，站立的时候沉得腰肢酸痛。"

原来，鲍小姐就是根据一个真的同船的南洋姑娘抟捏出来的。

就是在这次旅途中，杨绛发现了钱锺书在应付生活琐事方面的笨拙：鞋带的蝴蝶扣不会系，左右脚分不清，筷子用不好……他做学问是智者，生活中是娃娃。

---

[1] 见钱锺书《围城》，人民文学出版社2017年6月版。

杨绛很庆幸，幸亏决定和他同往英国留学。爱情中的女子，是有母性的，柔情像蚕丝，把男子一层层轻轻包、柔柔裹。

第四章

异国他乡，相濡以沫

钱锺书的堂弟锺韩、锺纬先一步来英留学,钱锺书和杨绛夫妇到伦敦下船时,他们兄弟二人已站在岸边等候。他乡遇亲旧,欢欣喜悦,无以言表,连家都不想了。钱锺书作诗描述当时之景:

青春堪结伴,归计未须忙。[1]

钱锺韩带着哥哥和嫂嫂参观大英博物馆和蜡人馆,游玩罢,锺书夫妇启程赴牛津大学。

钱锺书是公费留学,官方已为他准备妥当,安排他入埃克塞特学院,攻读文学学士学位。杨绛是自费留学,本打算进女子学院攻读文学,然而文学系的名额已满,她只能修习历史,可又觉得不合心意。

---

[1] 见钱锺书《槐聚诗存·伦敦晤文武二弟》,生活·读书·新知三联书店2002年10月版。

阿季一向主意正，当初她读清华大学外文系本科，若是选修戏剧课，说不定也能写出小剧本来，说不定系主任会把她当作培养对象，但是她的兴趣不在戏剧而在小说。

此次，她的兴趣不在历史而在文学，她便不办理手续，准备做文学系的旁听生，听几门课，然后到图书馆自习。

牛津大学的学费已较一般学校昂贵，还要另交导师费，房租、伙食的费用也较高。假如杨绛到别处上学，两人分居，就得两处开销。当时杨荫杭已经得了高血压，她怎忍心再向父母要钱？于是不得已退而求其次，只好安于做一个旁听生。

好在做旁听生也不亏。牛津大学成立于12世纪下半叶，是英国最古老的大学之一，这里学者云集，如百花齐放。许多哲学家、科学家、文学家、政治家都从这里走出。

钱锺书一到牛津，就办了件糗事——一跤摔个嘴啃地，磕掉大半颗门牙。他一人出门，下公共汽车时未及站稳，车就开了，他便脸朝地摔了一大跤。

那时，他们在老金家做房客，同寓的还有两位住单身房的房客，一个姓林，一个姓曾，都是到牛津访问的医学专家。钱锺书摔了跤，用大手绢捂着嘴，自己走了回来。手绢上全是鲜血，抖开手绢，落下半枚断牙。杨绛不知怎样能把断牙续上，幸而同寓都是医生。他们叫她陪钱锺书赶快找牙医，拔去断牙，再镶假牙。

这给钱锺书的"拙手笨脚"又添新的注脚。

钱锺书和杨绛就读的埃克塞特学院，创立于1314年，是牛津大学的二十六个学院之一。在这里,他们见识了世界上第一流的图书馆——博德利图书馆,钱锺书将其戏译为"饱蠹楼"。

清华大学的图书馆已经让杨绛万分欣悦,而牛津大学图书馆里的藏书又远超清华大学图书馆——早在莎士比亚在世的1611年,英国书业公司就承担了一项任务:每有新书(包括重印书)出版,都会免费送给该图书馆一本。时日长久,说不清这里的书有多少、有哪些,其中还收藏了许多中文书籍。

两个人如鱼得水。

他们看文学书、哲学书、心理学书、历史学书,一本接一本地读,一本接一本地做笔记,饱学终日,以书为事。

像他们这样的生活真是奢侈。如今的我们,时间被现代科技的大锤敲得支离破碎,哪里有大块大块的时间喂养头脑和心灵!

为什么钱锺书的《围城》写得好呢?书读得多。为什么能写出《谈艺录》呢?读书、读书、再读书。像花工拿花锄松土、松土、再松土,土壤肥沃,方有花枝招展、光彩艳丽。

但是,钱锺书也有不爱读的书。

一次,论文预试要考版本和校勘,要能辨别出15世纪以来的手稿。钱锺书对此毫无兴趣,因此每天读一本侦探小说"休养脑筋"。"休养"得睡梦中手舞脚踢,不知是在捉拿凶手,还是自己做了凶手,在和警察打架。结果考试不及格,只好暑假后补考。

杨绛比钱锺书自在,旁听生没有课业要求,她就泡在图书馆里,痛痛快快做书虫。她独占了图书馆窗下的一个单人书桌,书随看随取,爱看哪本看哪本,好比吃自助餐,爱吃哪道菜就吃哪道菜,吃到饱,吃到撑。

虽说是"自助餐",杨绛却不喜凌乱,她给自己定课程表,一本本书从头到尾细细读来。

历来下苦功夫的人得大善果,都是羡不得、嫉不得的。

人在一生中,会面临种种诱惑。

心不定的人,见诱惑而不知其为诱惑,只觉得这果子貌美而香甜,不由自主地想咬,好比夏娃吃禁果;心定的人,知道自己想要的是什么,见诱惑而知其为诱惑,任你弱水三千,我只取我那一瓢。

钱锺书也遇到过诱惑。

牛津有一位富翁叫史博定,他的弟弟是汉学家,专门研究老庄哲学,是牛津大学某学院的驻院研究员。这位富翁想在牛津大学设立一个汉学教授的职位,便请杨绛夫妇到他家吃茶,劝钱锺书放弃中国奖学金,改读哲学,做他弟弟的助手。

钱锺书不大乐意攻读文学学士不假,但放弃光明正大的奖学金,花别人的钱读别人让自己读的专业,他是不肯干的。

所以,他拒绝了这个小小的诱惑。

牛津大学每学年有三个学期,每学期八周,第一、二个学期后放假六周,第三个学期后则是为期三个多月的暑假。期末并不考试,考试只在毕业之前,也就是入学两年到四年以后。

战线拉得太长,学生们平时的压力就不大,晚间喝酒,醉后淘气,违反校规成了常有的事。

钱锺书所在的学院，每个学生都有一个学业导师和一个品行导师，品行导师干的是保释被拘留的学生的活。钱锺书的品行导师的日常活计却是请他和杨绛喝茶，因为钱锺书从不惹是生非，颇得导师喜爱。

英国有三百年的饮红茶的历史，红茶加糖、牛奶，是英国人餐后的必备饮品。

杨绛夫妇也学会了做茶：先把茶壶温过，然后分给每人满满一茶匙茶叶，你一匙，我一匙，他一匙，也给茶壶一满匙。四人喝茶用五匙茶叶，三人则用四匙。开水可一次次加，茶总够浓。

钱锺书毕生戒不掉的一个嗜好——每天早晨喝一大杯牛奶红茶，即由此始。他们回国后，买不到印度出产的"立普顿"红茶，杨绛就将三种上好的红茶掺和在一起做替代品——滇红取其香，湖红取其苦，祁红取其色。

牛津大学的学生放假即作鸟兽散，去游玩名山大川。钱氏夫妇却是在三个学期之后的暑假才出门——钱锺书不喜出门。杨绛在清华大学借读时，游遍北京名胜；钱锺书在清华大学待了四年，却连玉泉山、八大处都未曾一览。

钱锺书作过一组《北游诗》，其中有一句"今年破例作春游"。为甚破例？他在上海教书，杨绛在清华上学，他去看爱人，杨绛带着他，他才破了例。

在杨绛的带动下，牛津的大街小巷、个个学院门前、郊区的公园、教堂，还有人来人往的闹市、一处处店铺，都被他们二人"探险"了个遍——他们喜欢把外出游玩称为"探险"。

他们借住在老金家，一日四餐——早餐、午餐、午后茶和晚餐都由主人家供应，家务亦由老金妻女承担。吃罢早饭，老金妻女收拾房间，他们则出门"探险"。

半路上，邮差交给他们来自远方的家信；小孩子碰到他们，会礼貌地讨要中国邮票；高大的戴着白手套的警察，会在傍晚时分慢吞吞地一路走，一路推各家大门，看是否有没关紧的，给人家提个醒。

"探险"回去，二人相对读书，有种红袖添香的感觉。但"红袖添香"并不好，"添香"的没文化，只能添香添茶，对不上话。那读书的人想跟她说句话，她却听不懂。好比宝玉过生日，群芳夜宴，大家团团坐，行酒令，袭人等丫鬟说："我们不识字，可不要那些文的。"有些煞风景。对比宝玉和黛玉共读《西厢记》，一个觉得好，另一个也觉得辞藻警人，余香满口，就显得有趣多了！

钱锺书和杨绛相对而读，像极了宋代大词人李清照和丈夫赵明诚的"赌书消得泼茶香"，且年纪亦是好年纪，有家室而无家累，有爱人而无忧恼。

钱锺书和杨绛在牛津的中国同学不少，有俞大缜、俞大䌷姊妹，向达、杨人楩等人，还有后来成为翻译名家的杨宪益，因岁数小些，被称为"小杨"。

钱锺书不爱游山玩水，爱满嘴"跑火车"。他赠向达一首打油长诗，开头两句形容向达"外貌死的路（still），内心生的门（sentimental）"。全诗都是"胡说八道"，朋友们听后捧腹大笑。

向达说钱锺书："人家口蜜腹剑，你却是口剑腹蜜。"

这份机智，好比剑客出剑无人敌，诗人出对无人对，但他也不觉寂寞。

高手才觉得寂寞，钱锺书是高而不自知，所以能心平气和地瞎胡闹。相投的不嫌他，不相投的则嫌他刻薄。和那不相投的，他们又识相地与人家保持距离，结果被人家认为是狂傲。左也不好，右也不好，如何是好？

聪明人是懂得自我开解的，杨绛说："我们年轻不谙世故，但是最谙世故、最会做人的同样也遭非议。锺书和我就以此自解。"

这份自解，也可以拿来解你我的心结。人人背后说人人，人人背后被人说。何惧之有？

人做事最怕虎头蛇尾，人做事又最易虎头蛇尾。

房东老金家的伙食是越来越坏了。

杨绛食量小，合丈夫胃口的饭，她尽量省下一半给他，可杨绛仍旧觉得他吃不饱。且夫妻只有一个房间，既做卧房，又做客堂，有时来了客人，杨绛就得陪坐几个钟点——她心疼时间。

时间不是用来浪费的，也不是用来消耗的，时间是用来心疼的。肯这么想的，都成大师了。

杨绛想搬家，她想自己做饭，还想多一个房间。

钱锺书劝她说："你又不会烧饭，老金家的饭至少是现成的。我们的房间还宽敞，将就着得过且过吧。"

杨绛不肯，照着报纸上的广告，独自去找房子，找了几处，都不太理想。

一次他们散步"探险"，看见一个高级住宅区的招租广告，当时未细看，再去看时却不见了。杨绛不死心，独自找去，大着胆子敲门。房主达蕾女士应门，打量了她一番，带她上二楼查看。

房子不错，有卧室一间、起居室一间，还有电炉取暖；有一个大阳台，是汽车房的房顶；楼下是大片的草坪和花园；有一个小小的厨房，可以用电灶做饭；浴室里有一套古老的盘旋水管，点燃小小的火，管内的水几经盘旋便变成热水流入一个小小的澡盆；此外，还有一排很讲究的衣橱。杨绛怀疑这间屋子原先是一间大卧室的后房。此处是从大房子里分隔出来的独立空间，出入亦不走正门，另有室外楼梯直通花园，从小门出入。这里离学校和图书馆都近，过街就是大学公园。

独立卫浴、独立厨房、独立卧室、独立起居室，小夫妻初成家，太渴望这样一个独立的空间。虽然房租水电等各项费用加起来比老金家贵，但杨绛善理财，财政是宽裕的。第二天，杨绛便带钱锺书来看了房，钱锺书也喜出望外，二人立刻订下租约。

他们在老金家过了圣诞节，于新年前后迁入新居。

在新居生活也很方便，可从食品杂货商店订到鲜奶和面包。牛奶每天早晨送到，放在门外；面包刚出炉就送来，又香又热又脆，正赶得上午餐。鸡蛋、茶叶、黄油、香肠、火腿、鸡鸭鱼肉、蔬菜水果，店里应有尽有，挑好后有专人送到府上，两个星期结一次账即可。

搬家当天忙乱，两人先学会了使用电灶和电壶——一大壶水一会儿就烧开。房主达蕾女士租给他们日用的家具——锅、刀、叉、杯、盘之类，他们对付着吃了晚饭。一直忙到深夜才搬完，钱锺书累得倒头就睡，杨绛却累得怎么都睡不着。

这算是安定下来了，二人正式开始柴米油盐、锅碗瓢盆的生活。

可谁能想到，竟是"拙手笨脚"的钱锺书做了第一顿饭！

不知道他是怎么弄出如此丰盛的早餐的，有面包、黄油、果酱、蜂蜜，还给妻子端到了床头，整整齐齐地摆上小桌。不知道他有没有给妻子一个温柔的早安吻，把眠着的爱人轻轻唤醒？

杨绛很是感动，她明白钱锺书的心。异国他乡，有人守护，还有什么比这更动人呢？

做官的大约不大能给太太这样一个浪漫的早晨，"忽见陌头杨柳色，悔教夫婿觅封侯"；耕田的"晨兴理荒秽，戴月荷锄归"，也不大能给老婆这样一个浪漫的早晨；经商的大清早便噼里啪啦算账，也没心情给身边人这样一个浪漫的早晨，也许还得四海乱飘，"商人重利轻别离，前月浮梁买茶去"。

照理说，钱锺书也不大可能——他脑瓜灵而手脚笨，但他还是做成了，因为他有这个心。

杨绛伴夫离家，身处异国，身边只有他，而他这样贴心。

杨绛忍不住说道："这是我吃过的最香的早饭。"

三毛说："做家庭主妇，第一便是下厨房。"

在这个独立的小王国里，杨绛也开始下厨房了。

钱锺书想吃红烧肉。虽然同为留学生的好友俞大缜、俞大绌姊妹和其他男同学都不太会做，但比起杨绛来还是会些的。于是，他们像模像样地教杨绛把肉先煮开，然后倒掉脏水，再加生姜、酱油之类的佐料加水炖煮。

不过，生姜、酱油都是中国特产，在牛津不好找，而且找到的酱油也不鲜，又咸又苦。也没有斩肉的刀，只好用大剪子剪成一方一方的。两人站在电灶旁，开足电力，使劲煮，汤煮干了就加水，横竖烧不坏。

结果，红烧肉没有做成功。

杨绛不死心，继续研究，终在一日想起了母亲做橙皮果酱时的文火熬制法。她买了一瓶雪利酒当黄酒用，做出来的红烧肉竟然味道很棒，钱锺书吃得像个孩子——不是火力足不足的问题，是炖肉要用文火啊。

慢慢地，杨绛在家庭主妇的道路上越走越远，"搬家是冒险，自理伙食也是冒险，吃上红烧肉就是冒险成功。从此一法通，万法通，鸡肉、猪肉、羊肉，用'文火'炖，不用红烧，白煮的一样好吃"。她把嫩羊肉剪成一股一股的细丝，和钱锺书二人站在电灶旁边涮着吃，还把蔬菜放到汤里煮着吃。

她又想到自己曾经看见过别人炒菜，便学着人家的样子炒，结果发现炒的蔬菜比煮的好吃。一次，店里送来了扁豆，她便剥，一边剥一边嫌壳太厚、豆太小，忽然猛醒，不是吃豆的，是吃壳的，于是焖扁豆，味道颇好；又买了带骨的咸肉和鲜肉同煮，咸肉有火腿味，颇好；店里的猪头肉是熟食，骨头已去净，将其压成一寸厚的一个圆饼子，嘴、鼻、耳部都好吃，后颈部些肥些；还有活虾，杨绛剪不了活虾的须和脚，怕虾痛，钱锺书便负责剪，她负责烧。

神仙眷侣也离不了柴米油盐，纵使两个人在精神层面再契合，也离不了在一个锅里煮饭菜，否则总有些不完美。在这烧烧煮煮中，胃填词，心作曲，你爱我，我爱你。

假期来了，钱锺书和杨绛把行李寄放在房东家，轻装出门，去德国和北欧旅游，后来还去了工厂实习。

杨绛也记不清是在伦敦还是在巴黎，钱锺书接到政府当局发来的电报，派他做1936年世界青年大会的代表，到瑞士日内瓦开会。

后来，他们又在巴黎认识了住在那里的中国共产党党员王海经。王海经请他们夫妻二人吃馆子，还请杨绛当世界青年大会的共产党代表。如此一来，夫妻二人都成了代表。

开会前夕，他们乘夜车到日内瓦，与陶行知同车，夜谈到拂晓。

其间，这对夫妻代表能开溜的时候一概逃会。日内瓦风光好，被誉为"万国之都"，他们在狭窄的山路"探险"，去莱蒙湖边"探险"。钱锺书诗兴大发：

瀑边淅沥风头湿，雪外嶙峋石骨斑。
夜半不须持挟去，神州自有好湖山。[1]

但他们不是不敬业、不尽职，重要的会一定会参加。中国青年向世界青年致辞的会，他们都到了，共产党方面的代表上台发言的英文讲稿就是钱锺书撰写的。

会议结束，他们从瑞士去了巴黎。有几位老同学和老朋友在巴黎大学上学，比如杨绛在清华大学时的同班同学盛澄华。因为杨绛始终对法国文学有浓厚的兴趣，他们便在返回牛津之前，托盛澄华为他们代办了

---

[1] 见钱锺书《槐聚诗存·莱蒙湖边即目》，生活·读书·新知三联书店2002年10月版。

注册入学手续。于是,从 1936 年秋季始,他们虽然身在牛津,却已是巴黎大学的学生。

钮先铭在《记钱锺书夫妇》一文中追述了他们在巴黎相遇的趣事:

> 记得正逢七夕,我们一同到罗衡、张帮贞两位女同学所住的地点去赏月;锺书从他厚厚的近视眼镜仰望着满天星斗,高兴地说:
>
> "你们看,牛郎正吹着横笛,是 Charles Camille Saint-Saens 所作的曲子……"
>
> "珊珊斯是谁?"我问着。
>
> "是法国的作曲家,所作曲子,最有名的是《死的舞蹈》。"这回是杨季康的答复。
>
> 锺书不理会他太太的插嘴,反过来对我说:
>
> "老钮,你谱《鹊桥仙》的调子写一首词,让老程来画张画,我来写题词。"
>
> "好!我填词!"我说着,同时我就念了两句《鹊桥仙》的词:两情若是久长时,又岂在朝朝暮暮?
>
> "胡扯,那是秦少游写的,我要你作。"锺书还是盯着我。
>
> 我对词根本没有修养,只好岔开说:"季康,我们三个大男人都有任务,你呢?这不公平!"
>
> "我呀!只要和锺书朝朝暮暮相会就够了!"季康拉着锺书的手,圆圆的脸,笑起来像个洋娃娃。

青年时代的钱锺书,对文学有一股奔放的思想,对于东西双方的文化都有极深的造诣，季康也不赖，真是一对天上的仙侣、人间的鸳鸯，而我却是只羡鸳鸯不羡仙！[1]

回到伦敦，达蕾女士的另一个租客走了，杨绛和钱锺书就租下了那一套更大的房间。

杨绛继续洗手做羹汤，可是每天这样烧烧煮煮、汤汤水水的，也会不耐烦。终于有一天，杨绛说，要是可以不吃饭多好。钱锺书"傻里傻气"的还真想了，想找一个辟谷的方子，看能不能真的像神仙一样不食烟火，不吃不喝。他还为此赋诗一首：

卷袖围裙为口忙，朝朝洗手作羹汤。
忧卿烟火熏颜色，欲觅仙人辟谷方。[2]

他不愿意叫烟火熏了爱妻的好颜色，可辟谷方觅不到，饭仍旧要吃，还是得每天烧烧煮煮、汤汤水水的。

即使柴米夫妻当着，两个人的功夫也没有退步，反而一天天地精进——我们浪费了多少做饭以外的时间啊，否则也能有所作为。

钱锺书是不想当神仙的，他食人间烟火——"神仙煮白石，吃了久远不饿，多没趣呀。他不羡慕"[3]。

钱锺书有一句诗："鹅求四足鳖双裙。"杨绛死心眼，说他们从未吃

---

1 见《钱锺书评论（卷一）》，社会科学文献出版社 2000 年 1 月版。
2 见钱锺书《槐聚诗存·赠绛》，生活·读书·新知三联书店 2002 年 10 月版。
3 见杨绛《我们仨》，生活·读书·新知三联书店 2018 年 6 月版。

过鹅和鳖。钱锺书笑她,还要教她作诗。杨绛认真地说:"我不是诗人的料。"

也是,我们想起杨绛,会说她是作家、学者、翻译家,但不会给她加上"诗人"的头衔。她的文字读起来朴实,少有惆怅、幽怨、厉烈。她更不伤春悲秋。但是她做学生时,课卷上让作的诗总得好评;且她既爱读诗,也爱和钱锺书一起谈诗背诗。若是二人同把某字忘了,左凑右凑凑不上,那么那个字准是全诗最欠妥帖的字。

杨绛读到英国传记作家写的句子,念给钱锺书听:"我见到她之前,从未想到要结婚;我娶了她几十年,从未后悔娶她,也未想过要娶别的女人。"

钱锺书说:"我和他一样。"

杨绛也回答说:"我也一样。"

讲什么"得成比目何辞死,愿作鸳鸯不羡仙",讲什么"在天愿作比翼鸟,在地愿为连理枝",讲什么"迟迟钟鼓初长夜,耿耿星河欲曙天",讲什么"曾经沧海难为水,除却巫山不是云",其实就是普普通通的几个字——"一样""我也一样"。

我爱你。

我也一样。

我爱你爱得这么深。

我也一样。

春风一起,杨柳千条,桐花的紫穗初生,一切都是孕象。

杨绛怀孕了,杨绛和钱锺书迎来了他们婚姻生活的春光。

钱锺书兴奋得痴气又犯了："我不要儿子，我要女儿——只要一个，像你的。"

杨绛似乎受传染，也有点冒痴气，她对于"像我"并不满意，她想要一个像钱锺书的女儿。

爱你，就会觉得只有一个你还不够，要再多一个你。

杨绛觉得做孕母应该蛮轻松，不过是肚里怀个孩子，就像揣了一个小包袱，除了身子重点，也无其他。谁料自家的骨血、精神都奔着这个小命芽儿去了，像填一个无底洞。

歌谣唱得好：

> 桃花开花二月红，我妈怀我十个月。
> 正月怀儿在娘身，无踪无影又无形。
> 二月怀儿在娘身，水里浮萍没定根。
> 三月怀儿三月三，茶不想吃饭难吞。
> 四月怀儿四月八，送子娘娘把香插。
> 五月怀儿五月五，女儿不知娘辛苦。
> 六月怀儿热难当，只有我妈坐绣房。
> 七月怀儿谷穗黄，只有我妈卧牙床。
> 八月怀儿八月八，八月粮食收到家。
> 九月怀儿九月九，家家户户蒸美酒。
> 十月怀儿生下地，金盆打水银盆洗。

十月怀胎，受尽辛苦，她再分不出多的精力读书。年终，钱锺书在日记上写道：

> 晚，季总计今年所读书，歉然未足……[1]

未足便未足，心里竟觉得"歉然"。多数世人虚耗光阴，也未曾觉得多么"歉然"。

所以，他们二人不凡。

杨绛快生了，钱锺书很早就陪妻子到产院定下单人病房，又请女院长帮忙介绍专家大夫。院长问："是不是要女大夫？"因为外国人普遍认为中国人比较传统。

钱锺书回答说："要最好的。"

他的回答出人意料，杨绛觉得心里暖暖的，她没想到钱锺书会这样说。

于是，院长介绍了斯班斯大夫为杨绛接生。斯班斯大夫预计娃娃会在乔治六世加冕大典那天（5月12日）出生，说她会生一个"加冕日娃娃"。

谁料，杨绛肚里的女儿对英王加冕不感兴趣，预产期过了一周还没有动静。

18日，杨绛阵痛被送进产院，一直到19日，孩子还不肯出生。安全起见，大夫只好为她注射麻药，人工助产。

---

[1] 见杨绛《我们仨》，生活·读书·新知三联书店2018年6月版。

杨绛醒来后,发现自己被包得像个婴儿,脚后还有个热水袋。肚皮空了,浑身剧痛。

杨绛问身边的护士:"怎么回事?"

护士说:"你做了苦工,很重的苦工。"

女人生孩子,哪有不疼的,只是杨绛格外能忍痛——他们的好日子快过去了,他们的苦难快来了,她能忍痛也是好的吧,要不然以后漫漫岁月,颠沛流离,该怎么挨忍?

忍不过也得忍,她现在做了母亲,这个世界上又多了个让她牵挂的人。

有时想,人为什么要有那么多的牵挂呢?父亲、母亲、爱人、孩子、亲友、同窗、同事、朋友……牵挂多了,累不累?尤其是与至亲的人,相聚欢欣分离痛。父母谢世自己心痛,自己谢世儿女心痛,朋友亲人谢世都要心痛。

我们和别人的联系就是一根一根的线,从那个人的心上联结到自己的心上,断了就再也接不上。任凭断线在时间的冷风里飘荡,另一头是怎么想都再也见不到人。

杨绛夫妻,借由这个小小的宝贝,多了一根情缘牵缠的线;又借由这个娃娃,和这个世界发生了多一点的关联。

以后的岁月,他们除了彼此相爱,就是一起爱她,于是有了"我们仨"。

有小娃娃是做父母的一次新生。托宝宝的福,钱锺书夫妇又做了一回新生儿。

杨绛醒过来，护士把小娃娃抱过来。她无力说话，昏昏睡去。

钱锺书忙得紧。他们的寓所离产院不算太远，但不通公交，只能步行。他一天来看了杨绛四次：上午来知道得了一个女儿，医生却不让他和杨绛见面；第二次来杨绛还没醒；第三次来见到了杨绛，她已经从包裹自己的法兰绒套里解放出来，但还是昏睡，无力说话；第四次是下午茶时分，杨绛醒了，小娃娃也被从婴儿室抱了过来。

他看了又看，得意地说："这是我的女儿，我喜欢的。"

女儿钱瑗，初名健汝，小名阿圆。她继承了父母衣钵，却早于父母离世。造化给了你一喜，你却不知道这并不是真正的结局。当然，这是后话了。

阿圆懂事后，逢到生日，钱锺书总要说："这是母难之日。"

没有杨绛保驾护航，钱锺书一个人过日子，将惹祸体质发挥到极致，到产院来的第一句话永远是："我做坏事了。"

第一次他打翻了墨水瓶，把房东家的桌布染了。

杨绛说："不要紧，我会洗。"

"墨水呀！"

"墨水也能洗。"

他放心地回去了。

第二次到产院来，他又做坏事了："我把台灯砸了。"

杨绛问清楚是怎样的灯，然后安慰他说："不要紧，我会修。"他又放心了。

下一次来，他又做坏事了，说把门轴弄坏了，门轴两头的门球脱落了一个，门不能关了。

杨绛听后依旧说："不要紧，我会修。"

这次，他又放心了。

莫非这是智慧超群的代价？不过上帝厚待他，让他有一个能洗会修的太太。

他们在伦敦"探险"时，钱锺书的额骨上生了一个疔。一个护士教会了杨绛热敷，于是杨绛说："不要紧，我会给你治。"

果然，杨绛认认真真地每过几个小时就为他做一次热敷，不出几天便好了。

所以，杨绛一说"不要紧"，钱锺书就觉得是真的不要紧；杨绛一说"她会"，他就觉得她是真的会。而她充当着十项全能的太太，无悔，无怨。

杨绛体弱，在医院的单人房间住了快一个月。

闲暇时，护士曾让她去普通病房参观，好壮观：一个大统间，住着三十几个妈妈，还有三十几个娃娃。一个个娃娃被剥光了衣服过磅，再一个个洗干净了还给妈妈。娃娃都躺在睡篮里，挂在妈妈的床尾。

她很羡慕人家，自己只能听到阿圆的哭声。只有在阿圆吃奶时，护士才会把她抱过来，吃饱了又抱回婴儿室，其余时间不见娃影。

出院那天，钱锺书叫了汽车接她们母女回来，回到寓所，他端出早早给妻子炖的鸡汤，还剥了碧绿的嫩蚕豆。

他是怎样做这些活计的？是怎样和火打交道的？又是怎样和刀打交道的？钱家人若知道他们的"大阿官"能这般伺候产妇，不知会做何感想。

　　杨绛生宝宝时才二十六岁，若按现在的标准，结没结婚都不一定。可现在她不但要做全职太太，还要做全职妈妈。

　　她并没有怨。

　　她好像始终平静，始终无怨。这好像就是她一生的性格主线：怒而不争，哀而不怨。更何况现在的她根本没有哀，更别提有怒了。这是她的好时光。

　　新手父母刚开始时总是太忙乱。一个小娃娃，给一个家庭添加了好几倍的工作量。

　　有过一件趣事：钱锺书的家人收到二人寄回去的小婴儿的照片，竟发现小阿圆睡的"摇篮"是一个书桌的抽屉。可想而知，这对夫妇得有多忙乱了。

　　他们终生只育此一女，钱锺书很认真地对杨绛说："假如我们再生一个孩子，说不定比阿圆好，我们就要喜欢那个孩子，那么我们怎么对得起阿圆呢。"

　　见过因为种种原因只生一胎的，却没见过因为要用情专一而只生一胎的。钱锺书痴气发作，杨绛便由着他痴气发作。他是她的宝。

　　她也是他的宝。

　　钱锺书爱妻子，爱到成痴，痴气书本里灌注不下，洋溢出来：

　　　　我们在牛津时，他午睡，我临帖，可是一个人写写字困上
　　　　来，便睡着了。他醒来见我睡了，就饱蘸浓墨，想给我画个花

脸。可是他刚落笔我就醒了。他没想到我的脸皮比宣纸还吃墨，洗净墨痕，脸皮像纸一样快洗破了，以后他不再恶作剧，只给我画了一幅肖像，上面再添上眼镜和胡子，聊以过瘾。[1]

宝宝也是他的宝。
钱锺书爱女儿，也爱到成痴。

大热天女儿熟睡（女儿还是娃娃呢），他在她肚子上画一个大脸，挨他母亲一顿训斥，他不敢再画。[2]

生娃后不久，钱锺书顺利通过了论文口试，领到文学学士文凭。口试并不容易，有一个同届的留学生，口试后很得意，说："考官们只提了一个问题，以后就没有谁问了。"结果他的论文需要重写。一个英国朋友连论文口试都没有通过，自然拿不到学位。可见，钱锺书当时多么努力。

随后，钱氏夫妇带着宝宝，告别牛津，奔赴巴黎。

那时，阿圆刚满百日，穿着婴儿服，一路上很受欢迎。

火车上，一位乘客叫她"A China baby"，这既可以理解为一个中国娃娃，也可以理解为一个瓷娃娃。夫妻二人颇得意。

一路上，钱锺书提行李，杨绛抱阿圆。要下船时，港口管理人员优

---

[1] 见钱锺书《围城·记钱锺书与〈围城〉》，人民文学出版社 2017 年 6 月版。
[2] 见钱锺书《围城·记钱锺书与〈围城〉》，人民文学出版社 2017 年 6 月版。

先让抱着娃娃的杨绛下船,他们都争着看阿圆,未检查行李,就笑嘻嘻地——画上了"通过"的记号。关心爱护母婴的国家,总是会让人喜欢,杨绛觉得法国人比英国人更加温暖。

异国他乡,辗转奔忙。

第五章

重回故土，物是人非

钱锺书夫妇早已经让朋友为他们租下了房屋。公寓主人咖淑夫人是退休的邮务员,她用退休金买下这幢房子出租,并且供应伙食给部分房客,费用便宜而饭食丰盛。

咖淑夫人厨艺好,她的老公买菜又不小气,有了鱼肉,又买鸡鸭。杨绛他们租的房间是有厨房的,不过最初也是在公寓主人那里吃"集体饭"。这里距巴黎市中心仅五分钟车程,实在是便宜又实惠。

巴黎大学创办的时间虽然比牛津大学早一个世纪,学风却比牛津大学宽松自由。

钱锺书已经通过了牛津大学的论文考试,觉得为一个学位赔掉许多时间,实在不值得,所以不想再读什么学位。

杨绛受他影响,也不执着于学位,所以在巴黎大学入学后,他们白天上上课,下课便结伴去咖啡馆坐坐——并不纯为消闲,社会是一片海,他们两个则是海绵,在这里既可以吸取社会知识,也可以吸取语言知识。有时他们还会一起逛逛旧书肆。晚上回公寓相伴读书，不亦乐乎。

阿圆渐大，要送去托儿所，夫妻两个又舍不得。

对门的邻居太太没有小孩，又十分喜欢阿圆，便经常把阿圆抱去玩玩。有时杨绛夫妇出门，便托她照看阿圆，给她一些报酬。

在巴黎的中国留学生很多，杨绛出门总能碰见同学或者相识，有来勤工俭学的，有来访问的。这些人里有吕叔湘、王礼锡、向达、罗大冈、王辛笛、盛澄华等——盛澄华代他们二人注册入学，替他们找了房子，又接他们回到公寓。

钱锺书还饶有兴趣地把这段时间遇见的有趣人物描眉画眼地写进了《围城》。比如《围城》里的褚慎明："自小负神童之誉，但有人说他是神经病。他小学、中学、大学都不肯毕业，因为他觉得没有先生配教他考他。"他起先最恨女人……后来心里装满女人，"研究数理逻辑的时候，看见 a posteriori 那个名词会联想到 posterior，看见 × 记号会联想到 kiss，亏得他没细读柏拉图的太米谒斯对话(Timaeus)，否则他更要对着 × 记号出神……"

杨绛揭底说，这个人物形象取材于这一时期在巴黎的相识，只是此人比小说里写的还夸张：

> 有一次我和他同乘火车从巴黎郊外进城，他忽从口袋里掏出一张纸，上面开列了少女选择丈夫的种种条件，如相貌、年龄、学问、品性、家世等等共十七八项，逼我一一批分数，并排列先后。我知道他的用意，也知道他的对象，所以小心翼翼地应付过

去。他接着气呼呼地对我说:"她们说他(指锺书)'年少翩翩',你倒说说,他'翩翩'不'翩翩'。"

我应该厚道些,老实告诉他,我初识锺书的时候,他穿一件青布大褂,一双毛布底鞋,戴一副老式大眼镜,一点也不"翩翩"。可是我瞧他认为我该和他站在同一立场,就忍不住淘气说:"我当然最觉得他'翩翩'。"

他听了怫然,半天不言语。后来我称赞他西装笔挺,他惊喜说:"真的吗?我总觉得自己的衣服不挺,每星期洗熨一次也不如别人的挺。"我肯定他衣服确实笔挺,他才高兴。[1]

异国他乡遇故知,如同杨柳遇春风,杨柳是春风的杨柳,春风是杨柳的春风。

但你千万不要以为这对小夫妻不务正业。恰恰相反,他们越来越努力。

在巴黎的这一年,杨绛深入地了解了欧洲各国的文化习俗、风土人情、语言特点等,这为她以后掌握多种欧洲语言打下了基础。在当地体味本土语言,格外容易入境。

钱锺书则继续读书,先是法文,从 15 世纪的诗人维容读起,直到 18、19 世纪,一家家读来。读德文也是如此。他的安排是这样的:每天读中文、英文,隔日读法文、德文,后来又加上意大利文。初到法国,二人同读福楼拜的《包法利夫人》,他的生词比杨绛多;但一年以

---

[1] 见钱锺书《围城·记钱锺书与〈围城〉》,人民文学出版社 2017 年 6 月版。

后，他的法文水平远远超过了杨绛——杨绛要养小娃娃，要料理这个家，时间不够用。

起初，他们没有起火，有时在大学城的餐厅吃饭，有时在中国餐馆吃饭。咖淑夫人家的伙食也真丰富，一道一道的菜上来，一餐午饭可消磨两个小时。他们的时间不够消耗，正好他们的租屋里有厨房，不久后便又自己开伙了。

阿圆一直乖乖的，大人读书，她也像模像样地在面前摊一本大书，手里拿一支铅笔，一边看一边画。

> 锺书给他朋友司徒亚的信上形容女儿顽劣，地道是锺书的夸张。其实女儿很乖。我们看书，她安安静静自己一人画书玩。有时对门太太来抱她过去玩。我们买了推车，每天推她出去。她最早能说的话是"外外"，要求外边去。[1]

那时候，阿圆吃得胖嘟嘟的，小身体被杨绛喂养得十分结实，"很快地从一个小动物长成一个小人儿"，小手小脚粉嫩嫩、胖乎乎的。阿圆像钱锺书，连手脚的骨骼都很像。钱锺书对女儿总是爱不够的样子，这里亲亲，那里亲亲。有时闻闻小脚丫，然后装作要吐的样子，引得杨绛和小阿圆哈哈大笑。

杨绛仍旧写东西，散文《阴》作于在牛津留学时，笔淡意远，如素

---

[1] 见杨绛《我们仨》，生活·读书·新知三联书店 2018 年 6 月版。

白的纸上落着灰白的花影子：

　　一棵浓密的树，站在太阳里，像一个深沉的人：面上耀着光，像一脸的高兴，风一吹，叶子一浮动，真像个轻快的笑脸；可是叶子下面，一层暗一层，绿沉沉地郁成了宁静，像在沉思，带些忧郁，带些恬适。松柏的阴最深最密，不过没有梧桐树胡桃树的阴广大。疏疏的杨柳，筛下个疏疏的影子，阴很浅。几茎小草，映着太阳，草上的光和漏下地的光闪耀着，地下是错杂的影子，光和影之间那一点绿意，是似有若无的阴。

　　一根木头，一块石头，在太阳里也撒下个影子。影子和石头木头之间，也有一片阴，可是太小，只见影子，觉不到有阴。墙阴大些，屋阴深些，不像树阴清幽灵活，却也有它的沉静，像一口废井、一潭死水般的静。

　　山的阴又不同。阳光照向树木石头和起伏的地面，现出浓浓淡淡多少层次的光和影，挟带的阴，随着阳光转动变换形态。山的阴是散漫而繁复的。

　　烟也有影子，可是太稀薄，没有阴。大晴天，几团浮云会投下几块黑影，但不及有阴，云又过去了。整片的浓云，蒙住了太阳，够点染一天半天的阴，够笼罩整片的地，整片的海，造成漫漫无际的晦霾。不过浓阴不会持久；持久的是漠漠轻阴。好像谁望空撒了一匹轻纱，荡飏在风里，撩拨不开，又捉摸不住，恰似初识愁滋味的少年心情。愁在哪里？并不能找出个影儿。

　　夜，掩没了太阳而造成个大黑影。不见阳光，也就没有阴。

黑影渗透了光，化成朦朦胧胧的黎明和黄昏。这是大地的阴，诱发遐思幻想的阴。大白天，每件东西遮着阳光就有个影子，挨着影子都悄悄地怀着一团阴。在日夜交接的微光里，一切阴都笼罩在大地的阴里，蒙上一重神秘。渐渐黑夜来临，树阴、草阴、墙阴、屋阴、山的阴、云的阴，都无从分辨了，夜吞没了所有的阴。[1]

"青青河畔草，绵绵思远道。远道不可思，宿昔梦见之。"
无奈山水迢遥，和家人的联系，除了信，只有梦。
可如今，有好长时间，杨绛没有收到家信了。
他们从报纸上得知，家乡已被日军占领，又从上海三姐处知道爸爸带着一家人逃难避居于上海。她和锺书一家三口迁居法国后，大姐也来过几次信，但是总觉得缺少了一个声音：妈妈怎么不说话了？
过了年，大姐才告诉她，妈妈已于去年 11 月间逃难时去世。
杨绛回忆此事写道：

这是我生平第一次遭遇的伤心事，悲苦得不知怎么好，只会恸哭，哭个没完。锺书百计劝慰，我就狠命忍住。我至今还记得当时的悲苦。但是我没有意识到，悲苦能任情啼哭，还有锺书百般劝慰，我那时候是多么幸福。

我自己才做了半年妈妈，就失去了自己的妈妈。常言"女儿

---

1 见杨绛《杂忆与杂写：1933—1991·阴》，生活·读书·新知三联书店 2015 年 4 月版。

做母亲，便是报娘恩"。我虽然尝到做母亲的艰辛，我没有报得娘恩。[1]

"搴帷拜母河梁去，白发愁看泪眼枯。惨惨柴门风雪夜，此时有子不如无。"当日一别，如今永诀，温柔的母亲，慈爱的母亲，头发甚至都来不及白，便离开了。

离了母亲的人，于这茫茫人世，是失了根的浮萍。

那时能任性恸哭，居然被后来的杨绛视作幸福，因为后来他们一家人备受摧残，她虽悲苦却已经不能任性啼哭。到她痛失爱女、痛失丈夫时，已经没有人能再给予她安慰了。

身处旷野，野云低垂，苇岸孤舟，她能深味的，是无人陪伴的寒凉与孤独。

乱世里兵戈扰攘，烟焰张天，血流成川。

时间倒回到前一年。

1937 年，日军第一次突袭苏州，杨绛的父母和大姐、小妹在家。一架飞机在杨家大厅的上空盘旋——大约是觉得这些房屋比较高大，怀疑是什么机构。一家人慌忙从前院奔逃到后园，又从后园奔逃到前院。小妹杨必后来告诉杨绛："真奇怪，害怕了会泻肚子。"

次日，杨荫杭和唐须嫈便带着两个女儿和两个妹妹，逃到了郊外的香山。

---

[1] 见杨绛《我们仨》，生活·读书·新知三联书店 2018 年 6 月版。

秋天，唐须嫈得了"恶性疟疾"。人的身病都从心病来，唐须嫈是受了惊怕颠连，又忧心丈夫儿女，才得此恶疾的。她因此高烧不退，在香山失陷前夕去世。

那样良善坚强的一个女人，那样慈爱温柔的一个妈妈，那样柔婉坚定的一个妻子，现如今，却永远地离开了。

杨荫杭用几石白米换了一副棺材，次日即带着两个女儿找人把妻子埋在借来的坟地里。他央人在棺材上起盖厝基，又在砖瓦树木上写遍自己的名字，才匆匆逃难离去。

国难即家难，一边流离，一边失散。一对夫妻就这样劳燕分飞，一个泥里倦歇，一个掠动老翅。你身后的我担当，我留下的你背负。

一行人东逃西藏，无处安身，又冒险逃回苏州老家。

"月落乌啼霜满天，江枫渔火对愁眠。姑苏城外寒山寺，夜半钟声到客船"的苏州，"君到姑苏见，人家尽枕河。古宫闲地少，水巷小桥多"的苏州，"黄鹂巷口莺欲语，乌鹊河头冰欲消。绿浪东西南北水，红栏三百九十桥"的苏州，"一川烟草，满城风絮，梅子黄时雨"的苏州，如今豺鬼横行，尸殍遍野。

杨宅被乱翻乱掷得十分凌乱，不知道被拿走了多少东西。幸而还有一些存米，一家人不致饿死。

日军每日黄昏挨家挨户找"花姑娘"，家里的女儿们都剃了光头，改了男装。晚饭时分，日军来敲门，杨荫杭会日语，单独到门口应付。女儿们则藏起碗筷，躲入柴堆。

杨绛的三姑母杨荫榆日语流利，又在日本留过学，侵华日军要她出任伪职，被她严词拒绝。日军烧杀抢掠，她自恃与日本人能够说得上话，也算有过"交情"，便数度到日军司令部抗议，用日语责备日本军官纵容部下，奸淫掳掠。日本军官为了讨好她，便斥责部下士兵，勒令他们退还财物。

一次，几个妇女被日军追得逃到了位于盘门新桥巷的杨荫榆家，杨荫榆站出来用日语同日军交涉，救出了妇女。

1938年1月1日，两名日军以司令部传见杨荫榆为借口，将她诱出家门，行至盘门外吴门桥时冲她开枪射击，然后抛她入河。见她还在河水中挣扎，便又连开几枪，河水瞬间泛了红。

邻居捞起她，装入薄棺，杨荫杭又在她的薄棺外钉了一层厚木板。后来，她的棺木和嫂嫂唐须嫈的棺木一起被移入灵岩山的绣谷公墓。杨绛见母亲的棺材后面跟着三姑母怪模怪样的棺材，顿觉心酸。

人活着时命运崎岖坎坷，死后连棺木也不平顺，好像她的一生。

唐须嫈对怪僻的三小姑没有怨，说她其实是贤妻良母。杨荫杭对这个三妹也是爱怜，说"申官如果嫁了一个好丈夫，她是个贤妻良母"。

可她不愿意做贤妻良母。

> 她跳出家庭，就一心投身社会，指望有所作为。她留美回国，做了女师大的校长，大约也自信能有所作为。可是她多年在国外埋头苦读，没看见国内的革命潮流；她不能理解当前的形势，她也没看清自己所处的地位。[1]

---

1 见杨绛《将饮茶·回忆我的姑母》，生活·读书·新知三联书店2015年5月版。

杨绛在《回忆我的姑母》一文中这样写。

这是个乱世。

乱世最先消灭的，永远是最柔弱、最善良的人，他们是征战杀伐的血祭。

杨绛夫妇在异国他乡苦苦惦念，不知亲人是否平安。奖学金还能延期一年，可是他们不能等。他们中断学业，匆匆回程。

他们不是不爱巴黎，不是不爱书桌，不是不爱学问，不是不爱静好光阴，他们是看不得亲人离散，国土沦陷。

"四十年来家国，三千里地山河。凤阁龙楼连霄汉，玉树琼枝作烟萝，几曾识干戈？"如今，玉树琼枝真的做了烟萝，家国山河真的动了干戈，凤阁龙楼真的被摧折，他们是文化人，明知道回去也未必有用，但是他们的心让他们不能藏、不能躲。

受战事影响，回国的船票难买，他们终于辗转由里昂大学买得船票，于1938年8月坐三等舱回国。

出国时坐的是二等舱，回国时乘的是三等舱，加上路途遥远，邮轮上伙食又差，几乎顿顿吃土豆泥，活活把阿圆从胖娃娃吃成了瘦娃娃。就这样，杨绛抱着瘦娃娃，钱锺书发如乱窠，三人憔悴不已地回了国。

钱锺书要去西南联大任教——抗日战争爆发后，北京大学、清华大学、南开大学南迁至昆明，组成西南联合大学。文学院院长冯友兰建议清华大学校长、西南联大常委梅贻琦给钱锺书教授头衔，月薪三百元，其待遇不低于王竹溪、华罗庚——别人留学回国后要从讲师做起，慢慢晋升到教授。

船到岸后，钱锺书只身远去，杨绛抱着女儿看着他离去的背影，忧心忡忡。

杨绛没有拉着丈夫的衣角，说"你不要走，我害怕"。时势不容许撒娇的时候，她便不撒娇；乱世需要她扛起重担的时候，她便扛起重担，她就是这么实实在在的"心无所恃，随遇而安"。

阿圆望着爸爸的身影发呆。说不出心里什么滋味的杨绛，不得不抱着她继续前往上海。

满城烟雨暗千家，暗了杨家，也暗了钱家。

此时，钱家人也逃难到了上海，住在辣斐德路（今复兴中路）。杨绛和女儿抵达时，钱锺书的弟弟先把她们接回了钱家。

当时国民党已撤离上海，日军大举入侵，只有英、美、法等国的公共租界相对安全，是大风浪中的"孤岛"。钱家住的几间小房子就是花大价钱在公共租界"顶"来的，人很多，杨绛只好带着阿圆跟弟媳和她的儿子挤在一个房间。

第二天，杨绛抱着阿圆去找了父亲。父亲在原本就生活在上海的三姐家安身，状态还好，只是神情疲惫，老了不少。自从妻子离世，他夜夜需吃安眠药才能入睡。

父女重逢，祖孙初见。阿圆得他偏宠，他叫阿圆称自己为"公"，不许称"外公"。

父亲花大价钱租了处房子，好让阿季和阿圆安身。为了双方考虑，杨绛便带着阿圆在钱家住几天，又回来依着父亲住几天。

两家相距不远，三姐和七妹又常回来，一家人比往常更常见面。杨荫杭老了，贪恋尘世温暖，常常喜悦地说："现在反倒挤在一处了！"

杨荫杭剃须戒药，神色渐好，不久去了震旦女子文理学院教授《诗经》。

所以说，亲情是医尘世孤寂劳苦的药。

人都离不了亲人的陪伴，人都贪恋尘世里的暖。杨绛也说："我们不论有多少劳瘁辛苦，一回家都会从说笑中消散。"

一家人在一起高兴的时候，偶会觉出唐须嫈的缺席，杨荫杭又会说："幸亏她不在了，这样她就可以不必操心和劳累。在这样的乱世，死比生更愉快。"

外界传说，杨荫杭眼瞎了。原来是他碰到了一个新做了汉奸的熟人，他不搭理那人，那人就骂他眼里无人，以讹传讹，传成了杨荫杭瞎了。

1939年秋，杨绛的弟弟回国，杨家在苏州灵岩山绣谷公墓购得墓地，杨荫杭带着儿女回苏州安葬妻子和妹妹。

到苏州后，一家人在杨绛的二姑母家过了一夜，天亮后才入自家后园。

杨绛在《回忆我的父亲》中，写到了此时情景：

……我家房子刚修建完毕，母亲应我的要求，在大杏树下竖起一个很高的秋千架，悬着两个秋千。旁边还有个荡木架，可是荡木用的木材太顽，下圆上平，铁箍铁链又太笨重，只可充小孩的荡船用。我常常坐在荡木上看书，或躺在荡木上，仰看"天澹云闲"。春天，闭上眼只听见四周蜜蜂嗡嗡，睁眼能看到花草间蝴蝶乱飞。杏子熟了，接下等着吃樱桃、枇杷、桃子、石榴等。橙子黄了，橘子正绿。锺书吃过我母亲做的橙皮果酱，我还叫他等着吃熟透的脱核杏儿，等着吃树上现摘的桃儿。可是想不到父亲添种的二十棵桃树全都没了。因为那片地曾选作邻近人家共用的防空洞，平了地却未及挖坑。秋千、荡木连架子已都不知去向。玉兰、紫薇、海棠等花树多年未经修剪，都变得不成模样。篱边的玫瑰、蔷薇都干死了。紫藤架也歪斜了，山石旁边的芭蕉也不见了。[1]

文章里还写到，杨荫杭得意的一丛方竹也已枯瘁，绿树失却绿意，朱栏亦无复朱颜。每间屋里，满地都是凌乱的衣物。凡是上锁的箱子都由背后划开，里面全是空的。大件的家具还在，陈设无一留存。书房里的善本书丢了一部分，普通书多半还在。

看到这个劫后的家，杨荫杭舒了一口气："幸亏你们母亲不在了，要不然看到这个破败的家不免伤心。"

他们在公墓的礼堂看到棺材，杨绛姐妹用小手绢把棺上的每一点灰尘都拂拭干净。棺材被放入水泥圹，倒下的一筐筐石灰将其掩埋，最后用水泥封上。

---

1 见杨绛《将饮茶·回忆我的父亲》，生活·读书·新知三联书店 2015 年 5 月版。

杨荫杭对阿季说:"水泥最好,因为打破了就没有用处了。别看石板结实,如逢乱世,会给人撬走以做他用。"

杨绛猜测,这话父亲只对她说过,因为父亲死后,就发生了一起憾事:

> 胜利前夕我父亲突然在苏州中风去世,我们夫妇、我弟弟和小妹妹事后才从上海赶回苏州,葬事都是我大妹夫经管的。父亲的棺材放入母亲墓旁同样的水泥圹里,而上面盖的却是两块大石板。临时决不能改用水泥。我没说什么,只深深内疚,没有及早把父亲的话告诉别人。我也一再想到父母的戏言:"我死在你头里。"父亲周密地安葬了我母亲,我们儿女却是漫不经心。但愿我的父母隐藏在灵岩山谷里早日化土,从此和山岩树木一起,安静地随着地球运转。[1]

久别家乡,物是人非。但好在乱世之中还有亲情温暖、家人陪伴。此时的杨绛,既是惊慌的,也是幸福的。

苏州沦陷后,杨绛的母校振华女中也关闭了。杨绛回到上海后不久,振华女中的校长王季玉便找她商议要在租界开办振华女中上海分校的事情,并想邀请她担任校长一职。

杨绛见盛情难却,便勉为其难地答应下来,对此,她自谓好比"狗耕

---

[1] 见杨绛《将饮茶·回忆我的父亲》,生活·读书·新知三联书店2015年5月版。

田"。

1939 年，钱锺书回上海探亲。一天，钱锺书收到父亲钱基博的来信——钱基博早些时候已经应老友廖世承之请，到湖南蓝田帮他创建国立师范学院。在信中，钱基博称自己老病，要儿子去蓝田教书兼侍奉自己。廖世承恰好来到上海，也反复劝说。

对于公公的动议，杨绛是不同意的。钱锺书虽然也不情愿，但是他的母亲、叔叔、弟弟、妹妹全都主张他去。这次杨绛少有地坚执，认为钱锺书不应当去，且应当向家人讲讲不去的道理。

印象中，这俩人是不吵架的。

其实他们也吵过，是在出国的轮船上，因为一个法文"bon"的读音。杨绛说钱锺书的口音带乡音，钱锺书不服，二人互伤。后来，他们请一个法国夫人公断，夫人说杨绛对，钱锺书错。杨绛虽赢了也觉得无趣，钱锺书也不开心。二人于是讲定，以后意见相左，不妨各持异议，不必求同——这是会做事的人，知道尊重对方的边界。

如今，夫妇、亲子之间总是缺了这样明晰的边界，所以总会有棒打鸳鸯两分散的戏码上演，或者父母强硬地要求子女完成他们自己的心愿。

此次是杨绛夫妇第二次有异议，杨绛本能地回娘家拉外援。她对父亲讲了钱父要锺书去蓝田的事，杨荫杭却一言不发。

杨绛从父亲的沉默里读出意味：一个人的去处就当由自己抉择，旁人可以说道理，却不可强硬干预，尤其不可叫他反抗父母。

于是，杨绛选择不再挽留，陪钱锺书回钱家收拾去湖南的行李。钱家人一致沉默，都不知说什么。钱锺书也沉默着。杨绛虽心中不舍，却也没有说劝阻的话。

恋人、夫妻相处，总有不和睦处，一方要这样，另一方不许这样；一方要控制，另一方要摆脱控制。若夫妻都像他们这样，会少生好多气，少吵好多架。

9月时，钱锺书就将此事告诉给清华大学外语系主任叶公超，但没有收到回信；10月初，他即和蓝田师院的新同事结伴上路了。

结果，钱锺书刚离开上海，杨绛就接到了清华大学的电报。

因钱锺书还在去蓝田的路上，杨绛便把电报转寄到蓝田师院，同时发电报回复清华大学，声明并未收到梅校长的电报。钱锺书无限抱憾，只是万不得已。

杨绛继续当校长，继续她的"狗耕田"工作。

事务主任先前告诉过她，凡是挂牌子的（包括学校），每逢过节，都得给本区地痞流氓的头儿送节赏。恰逢中秋佳节，讨赏的一个接一个地来。

我的模样既不神气，也不时髦，大约像个低年级的教师或办公室的职员，反正绝不像校长。我问事务主任："我出去看看行不行？"他笑说："你看看去吧。"

我冒充他手下的职员，跑到接待室去。

来人身材矮小，一张黑皱皱的狭长脸，并不凶恶或狡猾。

我说："刚开发了某某人，怎么又来了？"

他说："××啊？伊是'瘪三'！"

"前天还有个××呢?"

他说:"伊是'告化甲头'。"

我诧异地看着他问:"侬呢?"

他跷起大拇指说:"阿拉是白相人啦!"接着一口气列举上海最有名的"白相人",表示自己是同伙。然后伸手从怀里掏出一张名片。这张名片纸质精良,比通常用的窄四分之一,名字印在上方右侧,四个浓黑的字:黑皮阿二。

我看着这枚别致的名片,乐得心上开花。只听他解释说:"阿拉专管抢帽子、抢皮包。""专管"云云,可以解作专干这件事,也可以解作保管不出这种事。我当时恰似小儿得饼,把别的都忘了,没再多听听他的宏论,忙着进里间去向事务主任汇报,让他去对付。

我把这枚稀罕的名片藏在皮包里,心想:我这皮包一旦被抢,里面有这张名片,说不定会有人把皮包还我。他们得讲"哥们儿义气"呀!可惜我几番拿出来卖弄,不知怎么把名片丢了。我也未及认清那位黑皮阿二。[1]

杨绛夫妻再次异地,虽各有乐趣,但更多的是思念、不易。
"我住长江头,君住长江尾。日日思君不见君,共饮长江水。"

---

[1] 见杨绛《杂忆与杂写:1933—1991·黑皮阿二》,生活·读书·新知三联书店2015年4月版。

"圆圆头"越长越可爱——"圆圆头"是大家给阿圆起的昵称,因她的头大而圆。

圆圆头好乖,刚回上海时出了疹子,后来又生了场病,导致肠胃虚弱。杨绛告诉她什么东西不可以吃,她便不吃什么东西,能够管得住自己。有时看见大家吃,她便在旁边乖乖地玩。

那时,杨绛表姐的女儿已经开始读书了,她比圆圆头大两岁。

有一次,表姐的女儿读上下两册的《看图识字》,圆圆头和她对坐,一个读,一个听。杨绛见了很高兴,也给阿圆买了《看图识字》回来。结果一天晚上回家,大姐、三姐和两个妹妹都笑着叫她:"快来看圆圆头念书。"

她们拿新书给阿圆念,阿圆立即把书倒过来,从头念到尾,一字不错。

原来,阿圆每天坐在小表姐对面旁听,认的字都是倒着的。当时她才两岁半。

两岁半的阿圆已经可以很自在地行走,一个"小人儿"在房间里迈着小脚啪嗒啪嗒地走,倒显得房间很阔很大。她走路的姿态特像钱锺书,她的博闻强记也像他,只要听大姨教一遍就能记住。杨绛的大姐对杨绛说:"她只看一眼就认识了,不用温习,全记得。"

杨荫杭是严父,未曾许儿女们和他同床睡,如今午睡总是和阿圆一床。妻子生前为他做了一个用台湾席子包成的小耳枕,中间有个窟窿放耳朵,他一向珍藏,如今却把宝贝枕头拿给阿圆用。

1940年秋末,杨绛的弟弟从维也纳医科大学学成回国。家里人多房少，若钱锺书暑假回来，便住不下了，所以杨绛在辣斐德路弄堂租了一间房，和阿圆搬了出来。

外公对挨在身边的阿圆说："搬出去，没有外公疼了。"

阿圆听了大哭，大滴热泪湿了杨荫杭的麻纱裤，不易落泪的杨荫杭也落了泪。

结果，钱锺书回家不成，母女俩又退了租，重回父亲家过了一年。

那时候，杨绛除了在振华分校工作，还给广东富商家一位小姐做家教，教高中一年级的全部功课（包括中英文数理等，从一年级教到三年级毕业），早出晚归，忙个不停。阿圆天天盼妈妈回来，好不容易妈妈回来了，又要改大摞的课卷。阿圆便含着一滴小眼泪，伸出嫩拳头，作势打课卷。杨绛见状，心痛不已。

阿圆识字越来越多，她读得又快，小书忒不经读，杨绛不得不为她买一些其他的书。

有一次，杨绛给她买了一套三册的《苦儿流浪记》，阿圆才看了开头，就伤心地痛哭起来。杨绛解释说这是故事，而且苦儿最后也不流浪了。可阿圆还是哭，看见那三本书就哭，热泪止不住地往下掉。

杨绛算是个"冷人"，她自言看书看到可笑处并不笑，看到可悲处也不哭；钱锺书是个"痴人"，看书看到可笑处就痴笑个不停，看见书里人物练武，还会手舞足蹈地比画一番，但杨绛未曾见他哭。阿圆看书痛哭，颇有父亲的痴劲儿。及阿圆长大，做了大学教授，对于书里的苦儿仍旧挂怀，还问杨绛这个故事的原作者是谁、译者是谁，苦儿的流浪如何结束。她心地纯善，视假如真。

钱锺书远在他乡,思念妻女,每天都记日记,还常写信,只是杨绛顾不得回——好像她一向疏于回信。当初钱锺书追求她,她也很少回信。

钱锺书好失落,他写:

万念如虫竞蚀心,一身如影欲依形。[1]

1941年夏,钱锺书终于可以回上海探亲了。

时隔好久再见丈夫,只见他面目黧黑,头发又长,一件夏布长衫料子粗,式样也土。以前就不"翩翩",如今更不"翩翩"。

阿圆早对爸爸没了印象,好奇地看着这个"陌生人"。钱锺书特意把一个从船上带回来的外国橘子送给女儿当作礼物,阿圆接过橘子交给妈妈,继续警惕地看着他。这个"陌生人"居然还把行李放在妈妈床边了!

晚饭后,阿圆发话了:"这是我的妈妈,你的妈妈在那边。"

钱锺书很窝囊地笑说:"我倒问问你,是我先认识你妈妈,还是你先认识?"

"自然我先认识,我一生出来就认识,你是长大了认识的。"这是阿圆的原话。

钱锺书悄悄地在她耳边说了一句话,阿圆的态度立即变得很友好,

---

[1] 见钱锺书《槐聚诗存·昆明舍馆作》,生活·读书·新知三联书店2002年10月版。

连妈妈都退居第二了。至于到底是句什么话，杨绛始终没问。但愿相逢不离分，其他的，又有什么要紧？！

阿圆一向乖得紧，像妈妈，自从爸爸回来，就被带得不乖了，现在，她和爸爸是一同淘气的"哥们儿"了。后来，钱瑗在去世前一两个月，躺在病床上，还写过一节《爸爸逗我玩》回忆此事：

> 1941年父亲由内地辗转回到上海，我当时大约五岁。他天天逗我玩，我当然非常高兴，撒娇、"人来疯"，变得相当讨厌。奶奶说他和我是"老鼠哥哥同年伴"，大的也要打一顿，小的也要打一顿。
>
> 爸爸不仅用墨笔在我脸上画胡子，还在肚子上画鬼脸。只不过他的拿手戏还是编顺口溜，起绰号。有一天我午睡后在大床上跳来跳去，他马上形容我的样子是："身上穿件火黄背心，面孔像只屁股猢狲。"我知道把我的脸比作猴子的红屁股不是好话，就噘嘴撞头表示抗议。他立即把我又比作猪噘嘴、牛撞头、蟹吐沫（鼓着腮帮子发出"pooh, pooh"的声音）、蛙凸肚（凸出肚子假装生气）。我一下子得了那么多的绰号，其实心里还是很得意的。[1]

即便阿圆长大成人，爸爸也老了，父女俩还能玩得酣畅。杨绛在《我们仨》里写道：

---

[1] 见杨绛《我们仨》，生活·读书·新知三联书店2018年6月版。

已经是晚饭以后,他们父女两个玩得正酣。锺书怪可怜地大声求救:"娘,娘,阿圆欺我!"

阿圆理直气壮地喊:"Mummy 娘!爸爸做坏事!当场拿获!"(我们每个人都有许多称呼,随口叫。)

"做坏事"就是在她屋里捣乱。

我走进阿圆卧房一看究竟。只见她床头枕上垒着高高一叠大辞典,上面放一只四脚朝天的小板凳,凳脚上端端正正站着一双沾满尘土的皮鞋——显然是阿圆回家后刚脱下的,一只鞋里塞一个笔筒,里面有阿圆的毛笔、画笔、铅笔、圆珠笔等,另一只鞋里塞一个扫床的笤帚把。沿着枕头是阿圆带回家的大书包。接下是横放着的一本一本大小各式的书,后面拖着我给阿圆的长把"鞋拔",大概算是尾巴。阿圆站在床和书桌间的夹道里,把爸爸拦在书桌和钢琴之间。阿圆得意地说:"当场拿获!"

锺书把自己缩得不能再小,紧闭着眼睛说:"我不在这里!"他笑得都站不直了。我隔着他的肚皮,也能看到他肚子里翻滚的笑浪。

阿圆说:"有这种 alibi 吗?"(注:alibi,不在犯罪现场的证据。)

我忍不住也笑了。三个人都在笑。

"我们仨"——钱锺书、杨绛、钱瑗,一家三口,相依相伴,在动乱

---

1 见杨绛《我们仨》,生活·读书·新知三联书店 2018 年 6 月版。

的年代里享受着片刻的安宁。

欢娱岁月短，愁怨更漏长。

> 杨绛最大的功劳是保住了钱锺书的淘气和那一团痴气。这是钱锺书的最可贵处。……他的痴气得到众多读者的喜爱。但是这个钱锺书成了他父亲一辈子担心的儿子，而我这种"洋盘媳妇"，在钱家是不合适的。
>
> 但是在日寇侵华，钱家整个大家庭挤居上海时，我们夫妇在钱家同甘苦、共患难的岁月，使我这"洋盘媳妇"赢得我公公称赞"安贫乐道"；而他问我婆婆，他身后她愿跟谁同住，答："季康。"这是我婆婆给我的莫大荣誉，值得我吹个大牛啊！

这确实值得她"吹个大牛"，她做妻子、做母亲、做儿媳，处处值得她"吹个大牛"。

但生活越发艰难了。

珍珠港事变后，振华分校解散了，杨绛被介绍到一所小学做代课教师。

> ……校址离家很远，我饭后赶去上课，困得在公交车上直打盹儿。我业余编写剧本。《称心如意》上演，我还在做小学教师

1　见杨绛《杂忆与杂写：1992—2013·钱锺书生命中的杨绛》，生活·读书·新知三联书店 2015 年 4 月版。

呢。[1]

尽管代课的那所小学课多路远,但是这份工作杨绛不得不做。因为学校的薪水不薄,每月还发三斗米,虽然不是什么好米,却比当局配给的细沙混合的米强得多。

学校位于公共租界,杨绛每天都要乘车到法租界的边缘,再步行穿过不属于租界的好长一段路,再改乘公共租界的有轨电车。

电车经过黄浦江上的大桥时,只许过空车,乘客必须下车步行,排队过桥,走到把守的日军面前,还要向他们鞠躬。杨绛不愿行礼,只是低着头走。后来又变成电车载着乘客停在桥下,日本兵上车,全体乘客起立听候检查。

有一次,杨绛站得稍迟,日本兵走到她面前,用食指猛地抬起她的下巴。杨绛顿时发怒,咬着牙大声说:"岂有此理!"

车上一片死寂。

二人僵持了一会儿,日本兵蹬着笨重的军靴转身下车。电车开动,乘客们过了半晌才缓过神,闹哄哄地议论道:"啊唷!啊唷!侬吓杀吾来!侬哪能格?侬发痴啦?"

发的什么痴,国难家仇,让一个一贯冷静自持的人也不能冷静。

从第二天起,杨绛便不再乘这趟电车了,情愿步行去学校。

此时的钱锺书因被困上海,供职于震旦女子文理学院。学院为他增

---

[1] 见杨绛《我们仨》,生活·读书·新知三联书店2018年6月版。

加了几个钟点的课程，他又收了两三个拜门的学生，一家人的生活总算能够维持下去。

钱锺书在心里发愿，从今以后，一家人"只有死别，不再生离"。但是，生活还是越来越艰苦，就连柴和米，都成了大事。

> 日本人分配给市民吃的面粉是黑的，筛去杂质，还是麸皮居半；分配的米，只是粞，中间还杂有白的、黄的、黑的沙子。黑沙子还容易挑出来，黄白沙子，杂在粞里，只好用镊子挑拣。听到沿街有卖米的，不论多贵，也得赶紧买。
>
> 当时上海流行的歌："粪车是我们的报晓鸡，多少的声音都从它起，前门叫卖菜，后门叫卖米。"
>
> 随就接上一句叫卖声："大米要吗？"（读如："杜米要哦？"）大米不嫌多，因为吃粞不能过活。
>
> 但大米不能生吃，而煤厂总推没货。好容易有煤球了，要求送三百斤，只肯送二百斤。我们的竹篦子煤筐里也只能盛二百斤。有时煤球里掺和的泥太多，烧不着；有时煤球里掺和的煤灰多，太松，一着就过。如有卖木柴的、卖钢炭的，都不能错过。[1]

这段让人想到老舍的《四世同堂》，日寇封城后对北平百姓做的事也如出一辙：

---

[1] 见杨绛《我们仨》，生活·读书·新知三联书店 2018 年 6 月版。

盆中是各种颜色合成的一种又像茶叶末子，又像受了潮湿的药面子的东西，不是米糠，因为它比糠粗糙得多；也不是麸子，因为它比麸子稍细一点。它一定不是面粉，因为它不绵绵软软地合在一处，而是你干你的，我干我的，一些谁也不肯合作的散沙。老人抓起一把，放在手心上细看，有的东西像玉米棒子，一块一块的，虽然经过了磨碾，而拒绝成为粉末。有的虽然也是碎块块，可是颜色深绿，老人想了半天，才猜到一定是肥田用的豆饼渣滓。有的挺黑挺亮，老人断定那是高粱壳儿。有的……老人不愿再细看。够了，有豆饼渣滓这一项就够了；人已变成了猪！他闻了闻，这黑绿的东西不单连谷糠的香味也没有，而且又酸又霉，又涩又臭，像由老鼠洞挖出来的！

　　这不是粮食，这是猪食。
　　被侵略者统治的世界，阴暗、危险、粗粝，流离人不如太平鸡。

1　见老舍《四世同堂》，人民文学出版社 2016 年 3 月版。

第六章

苦乐之境，我心从容

第六章 苦乐之境，我心从容

世上事千丝万缕，说不清，道不明。

因为钱锺书事先得知了清华大学决定重新聘任他的消息，所以回上海前，他已经辞去了蓝田的工作。只是他的等待落了空，清华大学杳无音讯。

这年底，日军偷袭珍珠港，太平洋战争爆发，上海沦陷，钱锺书想走也走不成了——倒是一家团圆，只是无工作可做。后来，岳丈把自己在震旦女子文理学院授课的工作让给了女婿，钱锺书一家三口的生活才算有些着落。

钱锺书在这所教会学校做教授一直做到抗战胜利，还教过杨绛的小妹妹杨必。柳亚子之女柳无非的丈夫陈麟瑞是他最要好的同事。两对夫妻来往密切，成了好友。

杨绛就是受了陈麟瑞的鼓励，由他启蒙，才开始创作戏剧的。

陈麟瑞曾在美国哈佛大学专攻戏剧，抗战期间创作了《职业妇女》

《晚宴》《雁来红》《尤三姐》《海葬》等多部话剧，杨绛经常向他讨教戏剧结构创作的技巧。

陈麟瑞性格随和，曾指着钱锺书，笑着对杨绛说："他打我踢我，我也不会生他的气。"

若是无钱锺书与陈麟瑞的同事之谊，杨绛也不会走上戏剧创作的道路。不得不说，一切转折都暗含机缘。

李健吾也是杨绛夫妇的朋友。他写的《雨中登泰山》曾被收入中学课本，那句"我不知道上了多少石级，一级又一级，是乐趣也是苦趣"，是多少人搏命生活的写照。

李健吾和钱锺书是清华大学的校友，他不仅是剧作家，还是出色的导演，曾执导杨绛的喜剧。

身处"孤岛"之中，任职的振华分校已经解散，杨绛只得做家教、在小学代课，挣薪金补贴家用。

生活举步维艰，但幸运也随之降临。

杨绛在陈麟瑞、李健吾的鼓励下写剧本并大获成功——再有才华的人，也要有引路人，没有这些聚合的因缘，她走不进剧坛。

当时的戏剧，特别是话剧，为大众喜闻乐见，文艺界、戏剧界的著名人士黄佐临夫妇、柯灵、李健吾、陈麟瑞等人先后主持了上海职业剧团、苦干剧团等工作。那时剧团多、剧本缺，这对杨绛来说，也是因缘际遇。

1942年冬，陈麟瑞请钱锺书夫妇下馆子吃烤羊肉，李健吾也在。

席间，李健吾怂恿杨绛说："何不也来一个剧本？"

杨绛一向谦虚兼不自信，但又心动，于是创作了《称心如意》。完稿后，杨绛拿去叫陈麟瑞审阅。

陈麟瑞指出不足说："你这个剧本，做独幕剧太长，做多幕剧呢，又太短，内容不足，得改写。"

杨绛听后虚心接受，回去做了调整。她把剧本拆成四幕剧后，再交给陈麟瑞看，陈麟瑞认可地说："这回行了。"

随后，陈麟瑞把剧本交给了李健吾。几天后，李健吾回复，立刻排演《称心如意》，黄佐临担任导演，李健吾扮演剧中人物徐朗斋。

1943年春，《称心如意》正式公演，轰动一时。

复旦大学教授赵景深在《文坛忆旧》中写道：

> 杨绛女士原名杨季康，她那第一个剧本《称心如意》在金都大戏院上演，李健吾也上台演老翁，林彬演小孤女，我曾去看过，觉得此剧刻画世故人情入微，非女性写不出，而又写得那样细腻周至，不禁大为称赞。[1]

而黄佐临的女儿黄蜀芹，则是电视剧《围城》的导演。天下事草蛇灰线，伏脉千里。

"杨绛"之名，也是从此起用的。正式公演前，李健吾让她起个笔名印在宣传单上，她草草率率地用了"杨绛"一名，因为总有人将"季康"两字连读成"绛"。此后，大家不识季康，唯识杨绛。

---

1 见赵景深《文坛忆旧》，三晋出版社2015年1月版。

杨绛自此走上了剧本创作这条路,"写水牌走笔青苍,按捺一段铿锵",她又先后创作了喜剧《弄真成假》《游戏人间》和悲剧《风絮》。

《弄真成假》公演期间,杨荫杭带着几个女儿一同去看,问杨绛说:"全是你编的?"

杨绛笑着点点头,回答道:"全是。"

做父亲的,好不骄傲。

剧中的男主人公周大璋一表人才却家境贫寒,家境贫寒却又吊儿郎当、好高骛远。他幻想能娶个好媳妇,以此少奋斗二十年。女主人公张燕华虽是地产商张祥甫的亲侄女,却寄住在叔父家,没有地位,像个女佣。她也幻想自己能嫁个好老公,也少奋斗二十年。结果,张燕华看上了吹嘘自己是官宦世家的周大璋,离开了把自己当女佣使的叔父家后,却住进了周大璋寄住的逼仄的小阁楼。

结尾,两个都想攀龙附凤的人,发现自己攀的是虫,附的是鸡,展开了一段苦涩又讽刺的对话:

张燕华:大璋,这是怎么回事儿?

周大璋:我也不知道。

张燕华:这可不是做梦吗?

周大璋:简直像演戏呢!

张燕华:这——这就是你的家?

周大璋:咱们的家了!

张燕华:(回顾)好个"诗礼之家"!(指外)那一位就是你的

知书达理、有才有德的妈妈?楼下就是你舅家的什么华洋百货公司,那位喜妈妈就是你妹妹?(苦笑)咳,大璋,真是环境由你改造啊!我佩服你改造环境的艺术!

  周大璋:唉,燕华由你做主呀!我也佩服你掌握命运的手段![1]

杨绛的语言向来温婉平静,写剧本却很跳脱。

因为她熟悉教授这个群体,所以创作出来的人物——冯光祖教授,很是活灵活现。

有一段冯光祖抱怨女佣把他的衬衫扣子弄丢了的对话:

  冯光祖:唉,杨妈,我跟你说过——你得先研究这扣子为什么爱掉;在知道了原因,才能防止结果——千针万针没有用。纽扣怎么会丢掉,有三个原因!第一是烙铁烫坏了线;第二是你的线拉得太紧,应该纽扣底下长一个脖子;第三……

  女佣:从来没见过纽扣底下长脖子。[2]

悲剧《风絮》则讲了这样一个故事:一个专注社会改革的知识分子带着妻子到乡下去,不料锒铛入狱。妻子与友人一起营救他出狱,出狱后他却发现妻子早已移情别恋于友人。其间,友人一直压抑自己的感

---

[1] 见杨绛《杨绛全集·第五卷》,人民文学出版社2014年8月版。

[2] 见杨绛《杨绛全集·第五卷》,人民文学出版社2014年8月版。

情,一再婉拒。男主人公经此打击,留下遗书欲沉潭自尽。友人见了遗书,以为男主人公已死,便和他的妻子拥抱在一起;女人却满心自责。谁知这时,从潭边回头的男主人公追到了两人面前,他拿着手枪,说要和妻子同归于尽,不然就杀了友人,和妻子重归于好。妻子一把夺过手枪,饮弹身亡。见此,男主人公失声痛哭,友人呆若木鸡。随着帷幕徐徐落下,大戏就此收尾。

剧中人哀叹天意难测、一生太短,触动了杨绛心弦,可又不能再起个稿子,重新修改一遍。

这种对于人生的思索,一直萦回在杨绛的脑海,在九十六岁高龄,还写出了长篇思辨式散文——《走到人生边上——自问自答》。

喜剧《称心如意》和《弄真成假》当称杨绛的戏剧代表作,李健吾认为:

> 假如中国有喜剧,真正的风俗喜剧,从现代中国生活提炼出来的道地喜剧,我不想夸张地说,但是我坚持地说,在现代中国文学里面,《弄真成假》将是第二道里程碑。有人一定嫌我过甚其词,我们不妨过些年回头了看,是否我的偏见具有正确的预感。第一道里程碑属丁西林,人所共识,第二道我将欢欢喜喜地指出,乃是杨绛女士。[1]

---

[1] 见李健吾《李健吾文集·第八卷》,北岳文艺出版社2016年5月版。

多年以后，柯灵评价抗战期间的戏剧创作：

> 剧中形形色色的角色，无论上层下层，都是我们在旧上海旧中国随处可见的人物（香港大概也触处皆是），只是作者挑精拣肥，经过选拔，把他们当作样品搬上舞台，公开展览。对那些名门望族的绅士淑女，是透过衣冠楚楚的外表，脱衣舞似的细细剥露他们又丑又脏的灵魂（但其中也很有些风趣盎然的形象）；对那些蓬门小户的男女老小，是带着深厚的同情指出他们盲目地营营扰扰，可笑可悯，怜惜地抚摸他们的伤痛。解剖的锋芒含而不露，婉而多讽。这是作者深入生活，体察人生的结果，出发点是对人生的热爱，所以精神上站得高，看得透彻（读杨绛近作短篇小说集《倒影集》，我感受到其中一脉相通的气息）。

杨绛则始终自持、自谦，她在《喜剧二种》的重版后记中写道：

> 剧本缺乏斗争意义，不过是一个学徒的习作而已——虽然是认真的习作。

杨绛的悲剧虽写得好，但是她的心境不愤激、不郁怒，和世界不构成强硬、尖锐、激烈的对抗，所以"锋芒含而不露，婉而多讽"。

1　见柯灵《上海沦陷期间戏剧文学管窥》，《上海师范学院学报》1982年第2期。
2　见杨绛《杨绛全集·第五卷》，人民文学出版社2014年8月版。

不安稳的日子什么样？就像在地上旋转的陀螺，不停地被鞭子抽打，以维持一种惶惶然的平衡。一旦平衡被打破，立时如水碗倾侧，哀民如蝼蚁，四散逃生。

1944年早春，民间谣传美军要对上海进行地毯式轰炸，杨荫杭只得带全家老小逃回苏州。当时，杨绛一家未一同前去。后来，杨绛的七妹一家要回苏州过暑假，杨绛因为太忙，便让他们带着阿圆一起。

那时阿圆七岁，外公家有两个表姐、四个表弟，也算是有了玩伴。只可惜"游乐园"——后园已经荒芜，无花无果，没什么乐趣，且电厂不供电，晚上点的是洋油灯。

阿圆的表姐表弟不敢出门，天黑怕鬼怪，可阿圆不怕，喊着要给他们做保镖。她并不知道自己勇敢，她只是不知道鬼是何物，在这一点上颇有父风——杨绛最怕鬼，钱锺书自小不知怕鬼。

且阿圆好奇心重。一次走失，一家人焦急找寻，却发现她正跟着一个道士往道观的大殿里走，因见道士装扮奇怪——要说是个男人，他的头发绾在头顶，像个老太婆；要说是个老太婆，他又满面胡须。她一心跟着人家，要格物致知，看是个什么鬼怪。

岁月不饶人，谁承想暑假的这段日子，是阿圆和外公的最后一次团聚。

1945年，杨荫杭突患中风，于苏州去世。

杨绛夫妇回苏州奔丧，这是杨绛最后一次回苏州旧宅。

大厅中的红木家具都已不知去向，空荡荡的大厅里放着父亲的棺材。前面搭着个白布幔，挂着父亲的遗像，幔前有一张小破桌。

杨绛像往常那样到厨房泡了一碗盖碗茶，放到桌上，自己坐在门槛上哭。姐妹弟弟一个个恓恓惶惶地跑来，都坐在门槛上哭。

我父亲去世以后，我们姐妹曾在霞飞路（现淮海路）一家珠宝店的橱窗里看见父亲书案上的一个竹根雕成的陈抟老祖像。那是工艺品，面貌特殊，父亲常用"棕老虎"（棕制圆形硬刷）给陈抟刷头皮。我们都看熟了，绝不会看错。又一次，在这条路上另一家珠宝店里看到另一件父亲的玩物，隔着橱窗里陈设的珠钻看不真切，很有"是耶非耶"之感。[1]

杨绛的笔下仍旧没有怨，她只是替父亲惋惜。非经历过离祸丧乱的人，体味不到这里的悲凉。

安葬了父亲，杨绛和钱锺书回了钱家，一大家子，拥挤吵闹。杨绛在《流浪儿》里这样写：

……我往往"魂不守舍"，嫌舍间昏暗逼仄，常悄悄溜出舍外游玩。

有时候，我凝敛成一颗石子，潜伏涧底。时光水一般在我身上淌泻而过，我只知身在水中，不觉水流。静止的自己，仿佛在时空之外、无涯无际的大自然里，仅由水面阳光闪烁，或明或暗地照见一个依附于无穷的我。

---

[1] 见杨绛《将饮茶·回忆我的父亲》，生活·读书·新知三联书店 2015 年 5 月版。

> 有时候，我放逸得像倾泻的流泉。数不清的时日是我冲洗下的石子。水沫蹴踏飞溅过颗颗石子，轻轻快快、滑滑溜溜地流。河岸束不住，淤泥拉不住，变云变雾，海阔天空，随着大气飘浮。
>
> 有时候，我来个"书遁"，一纳头钻入浩瀚无际的书籍世界，好比孙猴儿驾起跟斗云，转瞬间到了十万八千里外。我远远地抛开了家，竟忘了自己何在。
>
> 但我毕竟是凡胎俗骨，离不开时空，离不开自己。我只能像个流浪儿，倦游归来，还得回家吃饭睡觉。[1]

杨绛在自己的国土上，做了一个流浪儿。

若是能够自由流浪也是好的，可在豺狼当道的年代，哪来自由？！

1945年4月的一天上午，钱锺书去学校上课，杨绛和钱锺书的母亲、叔叔、弟弟和女儿阿圆在家。突然，敲门声响起，来了两个日本宪兵。杨绛请他们进门坐，借倒茶之机，藏好钱锺书的《谈艺录》手稿后，又回来和他们周旋。

"这里姓什么？"

"姓钱。"

"姓钱？还有呢？"

"没有了。"

---

1 见杨绛《杂忆与杂写：1933—1991·流浪儿》，生活·读书·新知三联书店2015年4月版。

第六章 苦乐之境，我心从容

"没有别家？只你们一家？"

"只我们一家。"

然后，杨绛找了个机会，从后门溜走，去了朋友家。

后来弟弟来找，说两个日本宪兵发了话，要杨绛回家，否则就要把家里人带走。杨绛赶紧让人给钱锺书送信，让他不要回家，然后她装着出去买鸡蛋了，又回到家里，继续和日本宪兵周旋。日本宪兵走的时候，抄走了杨绛的一本通讯录和一本剪报。

第二天，杨绛又奉命到日本宪兵司令部接受审问，她早已反复演练了可能被询问的问题，幸得平安应对，没受皮肉之苦。

《红楼梦》里，贾政一向不喜宝玉，说他不好好用功念书，"倒念了些流言混语在肚子里，学了些精致的淘气"。宝玉这个人，在别人面前飞扬跳脱，聪明有才气，到了他爹面前，便唯唯诺诺，全无一点精气神儿。这一点和钱锺书大略有些相似。

钱家家教严，在严父面前，钱锺书不敢放肆；但是离开严父，就真的有一些"精致的淘气"，比如用理学作诗、将洋文中文在诗里一锅烩……

但是，这些"精致的淘气"并不影响他做学问时的严谨、认真。

一次，夫妻二人去看杨绛编写的话剧演出，回家后，钱锺书说："我想写一部长篇小说！"

长篇小说岂是人人都能写的！但是杨绛坚信，丈夫一定能写。信任的背后是相知，所以杨绛大喜，催钱锺书快写：

那时他正偷空写短篇小说,怕没有时间写长篇。我说不要紧,他可以减少授课的时间,我们的生活很省俭,还可以更省俭。恰好我们的女佣因家乡生活好转要回去。我不勉强她,也不另觅女佣,只把她的工作自己兼任了。劈柴生火烧饭洗衣等等我是外行,经常给煤烟染成花脸,或熏得满眼是泪,或给滚油烫出泡来,或切破手指。可是我急切要看锺书写《围城》(他已把题目和主要内容和我讲过),做灶下婢也心甘情愿。

为什么钱锺书不出手则已,一出手巨著惊世?因为他在这样的困境里,触目所见,国难家危,心头窒息,不吐不快。

钱锺书于1944年动笔写《围城》,至1946年写完,"两年里忧世伤生",才写出这本小说。

这是实实在在的忧和伤,暗黑艰窘,人命危浅。因为这些原因,钱锺书屡想中止。但由于杨绛不断督促,替他挡了许多事,省出许多时间来,他才得以锱铢积累地写完。

每天晚上,钱锺书都把写好的稿子给杨绛看,急切地瞧她会有怎样的反应。她笑,他也笑;她大笑,他也大笑。有时她放下稿子,和他相对大笑,笑的不仅是书上的事,还有书外的事。不用说明笑什么,反正彼此心照不宣。

然后他告诉她下一段打算写什么,她便急切地等着看。

钱锺书一心扑在写书上,生活上的事情都不得不交给杨绛——虽然

---

1 见钱锺书《围城·记钱锺书与〈围城〉》,人民文学出版社2017年6月版。

他原本也帮不上忙。

有时杨绛为了省钱，自己上街买菜——大家闺秀出身，面皮又薄，第一次挎菜篮子上街。钱锺书体谅她的难为情，便陪她一同上街。

又因为全家的家务如今都归杨绛一人，钱锺书便常把自己关进卫生间，悄悄地替她洗衣服。他哪里会洗，都需杨绛重洗，可是重洗心也甜。杨绛通常晚睡晚起，钱锺书就做早餐给她吃。

夫妻俩你情我愿、琴瑟和鸣。

钱锺书每天写五百字，如切如磋，如琢如磨。一个年轻人，那么"淘气"，阅历尚浅，天知道他能写出什么鬼东西！若让他参加古代科举，天知道他是"魔"是"仙"！

《儒林外史》里的读书人，考不中在考场里打滚的，考中了发了疯的；没出名老老实实，出了名尾巴高举指天的；起诗社的不是混混就是穷酸，做幕僚的不是傻子就是骗子；有出了名的顾影自怜，有九曲回肠的坑蒙拐骗……少少的几个清正人士，又不是儒林里的人。

《儒林外史》的那首开篇诗，确实有那么点意思："人生南北多歧路，将相神仙，也要凡人做。百代兴亡朝复暮，江风吹倒前朝树。功名富贵无凭据，费尽心情，总把流光误。浊酒三杯沉醉去，水流花谢知何处？"

钱锺书的《围城》，当得"新儒林外史"的称号。

当初李健吾读了钱锺书的书稿，连连感叹："这个做学问的书虫子怎么写起小说来了呢，而且是部讽世之作，一部新儒林外史！"

书里有欺世盗名的教授，有精致流荡的男盗女娼，它的诞生，要给杨绛记一大功——当真该记一大功。

钱锺书的母亲曾经夸杨绛:"笔杆摇得,锅铲握得,在家什么粗活都干,真是上得厅堂,下得厨房,入水能游,出水能跳,锺书痴人痴福。"

二十世纪四十年代,杨绛还写过不少散文,其理趣、文笔十分见好,比如其中一篇《窗帘》:

> 人不怕挤。尽管摩肩接踵,大家也挤不到一处。像壳里的仁,各自各。像太阳光里飞舞的轻尘,各自各。凭你多热闹的地方,窗对着窗,各自人家,彼此不相干。只要挂上一个窗帘,只要拉过那薄薄一层,便把别人家隔离在千万里以外了。
>
> …………
>
> 人家挂着窗帘呢,别去窥望。宁可自己也挂上一个,华丽的也好,朴素的也好。如果你不屑挂,或懒得挂,不妨就敞着个赤裸裸的窗口。不过,你总得尊重别人家的窗帘。[1]

杨绛讲尊重个人隐私,尊重别人的生活,不窥看别人,也不尖着嘴评判别人,更不捋拳挣袖地指挥别人,在那个年代,已是很先进、很了不起了。这也许就是他们夫妻二人能结交众多名人名士的原因之一吧。

杨绛夫妻在"孤岛"上夹缝求生,结交了不少宾朋名士,好比好鸟

---

[1] 见杨绛《杂忆与杂写:1933—1991·窗帘》,生活·读书·新知三联书店 2015 年 4 月版。

相和鸣。像傅雷、王辛笛、陈衡哲、曹禺、李拔可、顾一樵、李健吾、郑振铎、李玄伯、向达、乔大壮、郑朝宗、宋悌芬、许国璋……他们之间发生了许多趣事，回忆起来满是感动。

一次，杨绛的好友、北京大学教授陈衡哲请杨绛和胡适一起喝茶。胡适对杨绛说："我认识你的姑母，认识你的叔叔，你老娘家（苏沪土语'令尊大人'的意思）是我的先生。"

晚上回家，杨绛对钱锺书说："胡适真是个交际家，一下子对我背出一大串叔叔姑母。他在乎人家称'你的学生'，他就自称是我爸爸的学生。我可从没听见爸爸说过胡适是他的学生。"

钱锺书说胡适曾向顾廷龙打听杨绛，顾廷龙告诉胡适说："名父之女，老圃先生的女儿，钱锺书的夫人。"原来1905年时，杨荫杭在澄衷中学给胡适上过课。

也就是说，胡适并未乱认老师，只是杨荫杭绝不会说"我的学生胡适之"。

还有一件趣事。抗战胜利前夕，杨绛夫妇在宋淇家初次会见傅雷和朱梅馥夫妇。此后因为两家住得近，杨绛他们便经常在晚饭后到傅雷家夜谈。大家都以为傅雷严肃，但在杨绛印象里，他是爱笑的：

> 他两手捧着个烟斗，待要放到嘴里去抽，又拿出来，眼里是笑，嘴边是笑，满脸是笑。这也许因为我在他家客厅里、坐在他对面的时候，他听着锺书说话，经常是这副笑容。傅雷只是不轻易笑；可是他笑的时候，好像在品尝自己的笑，觉得津津有味。
>
> …………

有人说傅雷"孤傲如云间鹤";傅雷却不止一次在锺书和我面前自比为"墙洞里的小老鼠"——是否因为莫洛亚曾把伏尔泰比作"一头躲在窟中的野兔"呢?傅雷的自比,乍听未免滑稽。[1]

傅雷确实严肃,钱锺书也许是唯一一个敢当众打趣他的人,傅雷则带着几分不好意思,也随着大家笑。但是,在别人面前,尤其是在孩子面前,傅雷就严厉起来,不留情面。他的孩子傅聪、傅敏最有发言权——他们曾因偷听大人谈话,被傅雷好一通电闪雷鸣地训斥。

文星璀璨,这些星星就这样交相辉映着,在乱世之中,寻得一点乐趣。

1945年8月15日,日本天皇裕仁通过广播发表《终战诏书》,宣布无条件投降。

钱锺书辞去了震旦女子文理学院的工作,任中央图书馆英文总纂,编《书林季刊》,后又兼任暨南大学教授和英国文化委员会顾问。

夫妻二人的交游面扩大了,社交活动也很频繁。每次宴饮归来,他们都获益良多,还饶有兴趣地把所见所闻,剖析琢磨。

朱家骅曾是中央庚款留英公费考试的考官,很赏识钱锺书,常邀请钱锺书到他家吃便饭。一次,朱家骅许了钱锺书一个联合国教科文的职位,钱锺书立即辞谢。

---

[1] 见杨绛《杂忆与杂写:1933—1991·〈傅译传记五种〉代序》,生活·读书·新知三联书店2015年4月版。

杨绛问钱锺书:"联合国的职位为什么不要?"

他说:"那是胡萝卜!"

当时她不懂"胡萝卜"与"大棒"相连,不吃"胡萝卜",就不会受"大棒"驱使。

钱锺书有大智慧,崇尚自由自在,心境淡泊。

追求自由是人的天性,不害怕"大棒",而拒绝"胡萝卜"的诱惑,我们做不到,钱锺书能。

杨绛是个贤妻,无论钱锺书做什么决定,她都尊重。

胜利的欢欣很短暂,接下来是谣言满天飞,人心惶惶。不过,杨绛夫妇并不惶惶,他们把用来惶惶的心思都用在书上:

> 锺书蛰居上海期间,买书是他的莫大享受。新书、旧书他买了不少。"文化大革命"中书籍流散,曾有人买到"借痴斋"的书,寄还给锺书。也许上海旧书摊上,还会发现"借痴斋藏书"。藏书中,也包括写苏联铁幕后面的书。我们的阅读面很广。所以"人心惶惶"时,我们并不惶惶然。[1]

那时候,人心惶惶,大家都想往外走。钱锺书曾随教育部访问团访问台湾,台湾大学想聘请他做教授,他没有答应;香港大学请他赴任文学院院长,他认为香港"不是学人久居之地,以不涉足为宜",也没有

---

[1] 见杨绛《我们仨》,生活·读书·新知三联书店2018年6月版。

去；英国牛津大学聘他为高级讲师，他又以"伦敦的恶劣气候"为辞，没有去。

杨绛在《干校六记》里写道：

> 我想到解放前夕，许多人惶惶然往国外跑，我们俩为什么有好几条路不肯走呢？思想进步吗？觉悟高吗？默存常引柳永的词："衣带渐宽终不悔，为伊消得人憔悴。"我们只是舍不得祖国，撇不下"伊"——也就是"咱们"或"我们"。尽管亿万"咱们"或"我们"中人素不相识，终归同属一体，痛痒相关，息息相连，都是甩不开的自己的一部分。[1]

几十年后，杨绛在接受访谈时再次被问到这个问题："你们这一代知识分子，在1949年时完全可以离开内地的，为什么留下了呢？"

她回答说："很奇怪，现在的人连这一点都不能理解。因为我们爱我们的祖国。当时离开有三个选择，一是去台湾，二是去香港，三是去国外。我们当然不肯和一个不争气的统治者去台湾；香港是个商业码头，我们是文化人，不愿去。

"我们的国家当时是弱国，受尽强国的欺凌。你们这一代是不知道，当时我们一年就有多少个国耻日。让我们去外国做二等公民当然不愿意。"[2]

---

1 见杨绛《干校六记》，生活·读书·新知三联书店2015年4月版。
2 见张者《杨绛解释知识人生：平静看待生死问题，活着不是为挣钱》，《中华读书报》2004年12月15日。

我们如要逃跑，不是无路可走。可是一个人在紧要关头，决定他何去何从的，也许总是他最基本的感情。我们从来不唱爱国调。非但不唱，还不爱听。但我们不愿逃跑，只是不愿去父母之邦，撇不开自家人。我国是国耻重重的弱国，跑出去仰人鼻息，做二等公民，我们不愿意。我们是文化人，爱祖国的文化，爱祖国的文字，爱祖国的语言。一句话，我们是倔强的中国老百姓，不愿做外国人。我们并不敢为自己乐观，可是我们安静地留在上海，等待解放。[1]

家国心头爱，为伊消得人憔悴。
世上多少事，也许有理由，也许没理由。有时理由很简单，有时却很深沉。

1　见杨绛《我们仨》，生活·读书·新知三联书店2018年6月版。

第七章

山雨已来，宠辱不惊

第七章 山雨已来,宠辱不惊

人的一生不可能一直窘迫,也不可能事事平顺。顺逆犹如黑夜白昼,总在轮换交替。

1949年,上海解放了。杨绛和钱锺书接到了清华大学的聘函,聘请二人担任清华大学外文系教授——据说这是时任清华大学历史系主任、文学院院长吴晗的主意。于是,举家离沪,赴京定居,开始新生活。

但是清华大学有规定,夫妻不能在同校一起当专任教授,所以钱锺书做了专任教授,主要是指导研究生;杨绛则打起了"散工"——她做兼任教授,按钟点计工资。后来清华大学废了这条规矩,杨绛却不愿当专任教授了,她宁可领很少的工资,仍旧打"散工"。

因为我未经改造,未能适应,借"散工"之名,可以逃会。妇女会开学习会,我不参加,因为我不是家庭妇女。教职员开学习会，我不参加，因为我没有专职，只是"散工"。[1]

1949 年 10 月 1 日，新地新天，日新月异。

一切都在变，清华大学也在变，从思想、课程到教育理念、校园建设，无一不变。不过，杨绛夫妇的生活方式始终没有变。

钱锺书的友人、著名报人黄裳去北京采访，在清华园钱氏夫妇的寓所目睹这对教授夫妇竟夜攻读，他写道：

> 他（指钱锺书）和杨绛两位住着一所教授住宅，他俩也坐在客厅里，好像没有生火，也许是火炉不旺，只觉得冷得很，整个客厅没有任何家具，越发显得空落落的。中间放了一张挺讲究的西餐长台，另外就是两把椅子。此外，没有了。长台上，堆着两叠外文书和用蓝布硬套装着的线装书，都是从清华图书馆借来的。他们夫妇就静静地对坐在长台两端读书，是我这个不速之客打破了这个典型的夜读的环境。他们没有想到我会在这时来访，高兴极了，接下去，就是快谈。[2]

读书，是唯一一种看上去沉默安静，实则头脑中思绪不停改变、更新的生活方式了。不变中有万变，万变皆蕴于不变，这就是他们夫妻二人的精神世界。

---

1 见杨绛《我们仨》，生活·读书·新知三联书店 2018 年 6 月版。
2 见罗银胜《杨绛先生的书香世界》，《名人传记》2011 年第 10 期。

第七章 山雨已来，宠辱不惊

进入二十世纪五十年代，钱锺书的地位越发显赫。《毛泽东选集》出版后，中共中央宣传部决定成立"《毛泽东选集》英文编译委员会"，经费孝通等人的推荐，钱锺书成了这个机构的成员。

进入《毛泽东选集》英文编译委员会后，钱锺书搬进城里工作，阿圆也大了，去城里读了寄宿学校，平时清华园的家里便只有杨绛一人。好在她不怕寂寞，而且又有一只名叫花花的猫陪伴。她还专为这只猫写了文章：

> 默存和我住在清华的时候养一只猫，皮毛不如大白，智力远在大白之上。那是我亲戚从城里抱来的一只小郎猫，才满月，刚断奶。它妈妈是白色长毛的纯波斯种，这儿子却是黑白杂色：背上三个黑圆，一条黑尾巴，四只黑爪子，脸上有匀匀的两个黑半圆，像时髦人戴的大黑眼镜，大得遮去半个脸，不过它连耳朵也是黑的。它是圆脸，灰蓝眼珠，眼神之美不输大白。它忽被人抱出城来，一声声直叫唤。我不忍，把小猫抱在怀里一整天，所以它和我最亲……[1]

钱锺书也爱花花，还为它赋诗：

---

[1] 见杨绛《杂忆与杂写：1933—1991·花花儿》，生活·读书·新知三联书店2015年4月版。

> 音书人事本萧条,广论何心续孝标。
> 应是有情无着处,春风蛱蝶忆儿猫。[1]

而且为了这只猫,他还跟邻居林徽因家的猫打架。

> 和我们家那猫儿争风打架的情敌之一是紧邻林徽因女士的宝贝猫,她称它为一家人的"爱的焦点"。我常怕锺书为猫而伤了两家和气,引用他自己的话说:"打狗要看主人的面,那么,打猫要看主妇面了!"(《猫》的第一句),他笑说:"理论总是不实践的人制定的。"[2]

这段生活,波澜不惊,恬静闲适。工作、读书、养猫,岁月静好。

人,初入世间,如同一颗耀眼的宝珠,后经尘世风沙磨砺,终塑成形。

从这个角度来看,人无论生逢治世还是乱世,无论锦衣玉食还是短褐粗衣,都是下凡历劫的。唯有历劫,心性才能被磨得通透,心里的疑惑、蒙昧才会被揭除,行走尘世才能优哉游哉。

所以,不要期盼岁月一直静好,岁月也不可能一直静好。这样不符合规律。

---

1 见钱锺书《槐聚诗存·容安室休沐杂咏》,生活·读书·新知三联书店2002年10月版。
2 见钱锺书《围城·记钱锺书与〈围城〉》,人民文学出版社2017年6月版。

第七章 山雨已来，宠辱不惊

新中国成立初期，开展了一场"反贪污、反浪费、反官僚主义"的"三反运动"。从旧时代过来的知识分子们，要在这场运动中改造思想、更新观念、加强学习，即所谓"洗澡"。

这场运动的初衷是好的，但是在执行的过程中出现了"极端"的情况：一些领着死工资，没有贪污浪费条件的人，也要"做检讨"，也要"被斗争"。

杨绛的长篇小说《洗澡》里的人物朱千里说："这和我全不相干。我不是官，哪来官僚主义？我月月领工资，除了工资，公家的钱一个子儿也不沾边，贪污什么？我连自己的薪水都没法浪费呢！一个月五块钱的零用，烟卷儿都买不起，买些便宜烟叶子抽抽烟斗，还叫我怎么节约！"这大约是当时工薪阶层的普遍想法。

作为知识分子的钱锺书和杨绛，也莫名其妙地成了"被批判"的对象。

杨绛一向小心，她还想着用在英国小说鉴赏课上学到的狄更斯的《大卫·科波菲尔》小说里的技巧，躲避控诉。

但是，开控诉大会的时候，事故发生了。一个杨绛从没见过的女生——她自称是杨绛先生的学生，上台大声嚷叫：

"杨季康先生上课不讲工人，专谈恋爱。"

"杨季康先生教导我们，恋爱应当吃不下饭，睡不着觉。"

"杨季康先生教导我们，见了情人，应当脸发白，腿发软。"

"杨季康先生甚至教导我们，结了婚的女人也应当谈恋爱。"

千夫所指，无病而死。

控诉结束，杨绛默默走出大礼堂，她浑身无力，失落至极。

一位女同志经过她身旁感叹说:"咳!还不如我们无才无能呢!"

外文系主任吴达元走近她,悄悄问她:"你真的说了那种话吗?"

杨绛回答:"你想吧,我会吗?"

吴达元立即说:"我想你不会。"

回到家里,丈夫和女儿都不在,想哭哭不出,也没有安慰,杨绛自言自语道:"假如我是一个娇嫩的女人,我还有什么脸见人呢?我只好关门上吊啊!季布壮士,受辱而不羞,因为'欲有所用其未足也'。我并没有这等大志,我只是火气旺盛,像个鼓鼓的皮球,没法按下个凹处来承受这份侮辱,心上也感不到丝毫惭愧。"

幸亏她没有火气,幸亏她没有想太多,幸亏她没有受了羞辱就关门上吊,否则,她将只是一个冤死的苍白鬼魂。

第二天,杨绛特意打扮好,拿着菜篮子往"人最多的地方去招摇"。她并没有那样教学生,她受了不白之冤,她被人在背后"酝酿"了黑材料,她被人当面唾骂。可这又有什么呢?现在她要把自己这个肉身推出去,借着这个肉身,观看这分外新鲜的世道人情。

结果,有人看见她早早地躲了,有人看见她就像没看见,有人一切照常,该打招呼还是打招呼,该说笑还是说笑。这一切,对于她来说,都可做喜剧的素材。杨绛是一个骨子里有着幽默和反讽能力的女人,她一边担当,一边自嘲。

我的安慰是从此可以不再教课。可是下一学期我这门选修课没有取消,反增添了十多个学生。我刚经过轰轰烈烈的思想改造,诚心诚意地做了检讨,决不能再消极退缩。我也认识到大运动里的个人是何等渺小。我总不能借这点委屈就撂纱帽呀!我难道和资产阶级腐朽思想结下了不解之缘吗?我只好自我譬解:知道我的人反正知道;不知道的,随他们怎么想去吧。人生在世,冤屈总归是难免的。

虽然是一番屈辱,却是好一番锤炼。当时,我火气退去,就活像一头被车轮碾伤的小动物,血肉模糊的创口不是一下子就能愈合的。可是,往后我受批评甚至受斗争,总深幸这场控诉大大增强了我的韧劲。[1]

杨绛能这样历劫而不败,得益于她的积极思维。对于每一件不好的事,她都能找出感激的理由。

不是所有人都有杨绛那样的积极思维,和那股子不服输、不认命的韧劲。

杨绛曾写过一篇题为"忆高崇熙先生"的文章。高先生是清华大学化工系教授,兼任化工厂厂长,业务好,但脾气不好。杨绛夫妇却和他很合得来。

1951年秋,杨绛夫妇一时兴起,去拜访高先生。高先生一人在家,笑得也勉强,魂不守舍。钱锺书问他厂里的情况怎么样,他勉强笑着说:"没事,快完了。"

杨绛夫妇离开时,高先生一直送,送出客堂,送出走廊,送出院

---

[1] 见杨绛《杂忆与杂写:1933—1991·控诉大会》,生活·读书·新知三联书店2015年4月版。

子，还直往外送，让他留步都不行。一直送到工厂的大门口，他才停下，目送杨绛他们远去。

杨绛说："他好像不欢迎我们。"

"不欢迎。"钱锺书回答。

"所以我不敢多坐了。"

"是该走了。"

"他大概有事呢，咱们打扰他了。"杨绛道。

"不，他没事，他就那么坐着。"

"不在看书？"

"我看见他就那么坐着，也不看书，也不做什么事。"

"噢，也许因为运动，他心绪不好。"

"我问起他们厂里的情况，他说没什么事，快完了。"

"我觉得他巴不得我们快走。"

"可是他送了又送。"

没承想，只过了一天，就传来高崇熙自杀的消息。他们去拜访的次日，高先生服了氰酸。

冤案错案如今正一一落实。高先生自杀后，高太太相继去世，多少年过去了，谁还记得他们吗？[1]

---

[1] 见杨绛《杂忆与杂写：1933—1991·忆高崇熙先生——旧事拾零》，生活·读书·新知三联书店 2015 年 4 月版。

如果不是杨绛落笔，还有谁会记得他们？时间早把这些人漂白成了淡白的模糊影子，如同微尘，散落在光阴深处，无处找寻。

还有一个果园主虞先生，是早年留学美国的园林家。小孩子进园买果子，虞先生总把稍带伤残的果子大捧大捧地塞给孩子。他还爬上梯子修剪果树，和工人一起劳动，工人都称他"吾先生"——就是"我们先生"。

"三反运动"开始，果园归公，虞先生成了果园的雇员，拿同样的工资，却不能成为"工人阶级"的一员。他离果子摊远远的，为的是怕人怀疑他偷果子。他要吃园里的果子得到市上去买，不能在这里买，人家会说他多拿了果子。

他闷了很久，病了很久，后来意外触电而死。

不断地有人出生，有人死亡，有人在觥筹交错，有人在轻歌曼舞，有人在恋爱，有人在流浪……一切都在不动声色地照常运转。

天青叶绿，一切都若无其事。

逝者已矣，活着的人要继续一天天地过日子。

被施蛰存誉为"半部《红楼梦》加上半部《儒林外史》"的杨绛的唯一一部长篇小说《洗澡》，记录的内容就与此有关。

《洗澡》的结尾说：

> 当时文学研究社不拘一格采集的人才，如今经过清洗，都安插到各个岗位上去了。[1]

---

[1] 见杨绛《洗澡》，人民文学出版社2004年1月版。

这里是指"洗澡"之后，全国高校院系调整，照搬苏联"老大哥"的那一套，清华大学成了一所纯工科性质的高校。

1952年，杨绛、钱锺书被一起调至北京大学文学研究所，由教授变为研究员。他们把住所从清华园迁到了中关园，并给新家起名为"容安室"。

容安，审容膝之易安。

陶渊明虽为小官，却深谙官场迎送之道。虽家贫饥冻，仍不愿违背本性，于是挂冠而去，后赋《归去来兮辞》："倚南窗以寄傲，审容膝之易安。"

虽然房屋狭窄，可陶渊明的心是安定的。

怎么能不安定呢？不用再前俯后仰，官场逢迎；不用再案牍劳形，焦虑耗心。他终于又从社会人做回了自然人。

若是讲段位，自然人是高的，社会人是低的；若是讲人位，自然人是清的，社会人是浊的；若是讲地位，自然人在天上，社会人在地下；若是讲价位，自然人是珠子，社会人是石子。

自然人好当，饿了吃，渴了喝，想睡多久睡多久，想说什么说什么。若是小孩子，就叫天真；出家的人就叫大德。社会人不好当，一颗心眼分八瓣，两颗眼珠子要像苍蝇的复眼，上天入地都要看顾到，还要把自己的棱角磨啊磨，磨得光溜溜。

陶渊明是宁做自然人，不做社会人。杨绛和钱锺书，也想在社会的洪流中当两个与世无争的自然人。

"鸡犬之声相闻，老死不相往来。"据说这是老子理想中"小国寡民"

的生活状态,但是随着时代更迭,这基本上不可能成为现实。

人组成了社会,社会就不容许人做回自然人,那种躬耕陇亩、不问世事的生活,越来越难实现。

1955年4月底,杨绛收到一张观礼条,请她于5月1日劳动节到北京天安门广场观礼。

那天,观礼台上坐了好多人,除了四周的人,以及人手里的各色纸花,杨绛什么也看不见。忽一阵惊涛骇浪般的欢呼声响起,高举的纸花,汇聚成海,如浪起伏。游行队伍的脚步声响起,一群白鸽被放飞,又迸出千百气球,震天的口号声响了起来。

好在那时他们的生活还算安静,如钱锺书在《容安室休沐杂咏》组诗中的一首:

渐起人声昏晓际,难追梦境有无间。
饶渠日出还生事,领取当前倚枕闲。

人声渐起,扰我清梦。宽恕那太阳每天升起惹来的事端,我且倚枕消受片刻清闲。

这段时间,杨绛翻译了四十七万字的法国小说《吉尔·布拉斯》,得到朱光潜的称赞。

朱光潜的学生问:"全中国翻译谁最好?"

---

1 见钱锺书《槐聚诗存·容安室休沐杂咏》,生活·读书·新知三联书店2002年10月版。

朱光潜说这个问题可以分三个方面，散文（即小说）翻译、诗歌翻译和理论翻译。

学生又追问道："那么散文翻译谁最好？"

朱光潜回答："杨绛最好。"

朱光潜的一个学生董衡巽，后来被分配到文学所，得杨绛指导。董衡巽说："为了提高翻译水平，我读了杨先生翻译的法国文学名著《吉尔·布拉斯》。读的时候能感觉到一种语言文体美。译文像行云，像流水，从容舒缓，有时夹杂一些上海话，虽是方言，却与自然流畅的译文浑然一体。"

然而，安静只是暂时的。

1957年，整风"反右"运动开始，大家都开始"大鸣大放"[1]。杨绛对钱锺书说，饭少出去吃，话少讲，不要随波逐流。

紧接着，身边的人一个个被划成"右派"，有傅雷、储安平、钱基厚、周勃、陈涌……

刹那间，雨骤风狂。

杨绛在《我们仨》里回忆：

> 锺书带了女儿到武昌探亲之前，一九五七年的五月间，在北京上大学的外甥女来我家玩，说北大的学生都贴出大字报来了。我们晚上溜出去看大字报，真的满墙都是。我们读了很惊讶。"三

---

[1] 指人民群众可以充分发表自己的意见。

反"之后，我们直以为人都变了，原来一点没变，我们俩的思想原来很一般，比大字报上流露的还平和些。我们又惊又喜地一处处看大字报，心上大为舒畅。几年来的不自在，这回得到了安慰。人还是人。[1]

为什么不自在，因为人变得不像人。

为什么得了安慰，因为觉得人还是人。

人与人之间，要互相尊重，人要有尊严。如果尊重没有了、自尊被剥夺了，人便不再是人。

杨绛一方面担忧自己和同好遭到非人的待遇，一方面更担心人们丧失理智。

她是智者，心有大慈，唯愿人都是人，人还是人。

保持独立、自主和清醒，否则，好好的"人"一秒就能变"群氓"。

杨绛和钱锺书一生，都在守心。

禅宗有一个很有趣的故事："时有风吹幡动。一僧曰风动，一僧曰幡动。议论不已。惠能进曰：'非风动，非幡动，仁者心动。'"

人心确实易动，风吹它也动，幡卷它也动，世情人事，一切皆可令它动。

现在，人心确实动了。

在所里，钱锺书和杨绛双双成了众矢之的，因为中国古代文学和外

---

[1] 见杨绛《我们仨》，生活·读书·新知三联书店2018年6月版。

国文学是充满毒素的"封、资、修"文学,他们不但不加以批判,反而大为赞赏,这是公开放毒,贻害群众。

1958年10月下旬,文学所要分批派人到乡下去改造。按照规定,四十五岁以上的女同志可以免于下乡,杨绛在免于下乡之列。但是她担心她若不去会有人借题发挥——家里还有一老一小,影响到他们不好。再则,她又好奇,一是想知道在土屋茅舍里是怎样生活的,二是听说能不能和农民打成一片,是"革命"和"不革命"的分界线,她很想瞧瞧自己究竟"革命不革命"。

于是,她被分到了下乡的第一批。

一到山村,同去的一位老先生便遥指一个农村姑娘说:"瞧,她像不像蒙娜丽莎?"

"像!真像!"

他们就称她为"蒙娜丽莎"。

打麦场上,另一个老先生又指着一个高高瘦瘦、翘着一撮胡子仰头望天的老者,说:"瞧!堂吉诃德先生!"

"哈!可不是!"

他们就称他为"堂吉诃德"。

下乡劳作时,杨绛等几个"老弱无能"的人被安排砸玉米棒——我们小时候是搓玉米棒,他们那时候是用打的——各拿木棍,在打麦场上席地而坐,"啪啪啪",把玉米粒打得全脱落下来,然后扫在一起盖好。又或者运杂草,捆干草,切萝卜缨。

他们住的地方窄仄,或是睡窄木板,不能翻身;或是睡大炕,大炕在托儿所,时有小孩尿湿被褥。

吃饭是在农民食堂,一日三餐,早晚稀粥窝头。初时吃着新鲜,吃久了便觉食之无味。他们只好每晚在灯下空谈好吃的东西,犹如过屠门而大嚼,还美其名曰"精神会餐"。

钱锺书晚于杨绛一个月下乡,去的是河北昌黎,吃的是用发霉的白薯干磨成的粉掺了玉米面做的窝头,带苦味,伙食还不如杨绛。

饭是糙的,如厕是难的,乡村里沤"天然肥"的缸多半太满,上面搁的板子又薄又滑,登东大有跌进缸里的危险。

山村里地高井深,打了水还得往回挑,用水要节约。每天除了早晚,是不大洗手洗脸的。饭后用舌头舔净嘴角,用手背来回一抹,就算是洗脸了。

杨绛下乡,钱锺书还在家里时,三天两头给她来一信,字小行密,写满两三张纸。

> 同伙唯我信多,都取笑我。我贴身衬衣上有两只口袋,丝绵背心上又有两只,每袋至多能容纳四五封信……其实这些信谁都读得,既不肉麻,政治上也绝无见不得人的话。可是我经过几次运动,多少有点神经病,觉得文字往往像解放前广告上的"百灵机","有意想不到之效力";一旦发生了这种效力,白纸黑字,百口莫辩。因此我只敢揣在贴身的衣袋里。衣袋里实在装不下了,我只好抽出信藏在提包里。我身上是轻了,心上却重了,结果只好硬硬心肠,信攒多了,就付之一炬。我记得曾在缝纫室的泥地

上当着女伴烧过两三次。这是默存一辈子写得最好的情书。[1]

下乡两个月,杨绛得到的评语是能和老乡打成一片——她在哪儿都能和人打成一片,她天生高情商,只是不肯做政界女强人,她要做锺书的灶下婢,做桌前的读书人。

杨绛总是把自己放得很低,心空喧静不争多。

事实上,论成就,她比钱锺书又能低多少呢?下乡受锻炼,她是主动要求去的,真心实意。锻炼完了,一点不平之意都没有,且得了一个可以和群众打成一片的考评。她十分高兴,顺利毕业回家。

生活的节奏就是这样,松一阵儿,紧一阵儿;紧一阵儿,再松一阵儿。没有永远的蓝天丽日,也没有一直的风雨如晦。

所以,杨绛觉得这道关已过,心松大半。她继续到研究所上班,夫妻二人仍旧有余暇享受生活的乐趣。

此时,杨绛又有了新任务,一个新的学习机会。

1957年,国家计划翻译出版"三套丛书"——《马克思主义文艺理论丛书》《外国文艺理论丛书》《外国文学名著丛书》,并且成立了"三套丛书编委会"。

《堂吉诃德》被列为《外国文学名著丛书》的选题之一,编委会领导、中宣部副部长林默涵读过杨绛翻译的法国文学名著《吉尔·布拉斯》,于

---

[1] 见杨绛《杂忆与杂写:1933—1991·第一次下乡》,生活·读书·新知三联书店2015年4月版。

是决定请她翻译《堂吉诃德》。她又一头扎了进去，开始研究《堂吉诃德》。

杨绛精通英文和法文，林默涵告诉她从哪种文字转译过来都可以，她便找了较有名望的五种英法文译本细细比对，最终决定，"要求对原作忠实，只能从原文翻译"。

就这样，年近五十的杨绛开始自学西班牙文。

1960年3月，杨绛"读毕《西班牙文入门》后，便开始阅读拉美的西班牙文小说。由浅入深，渐渐能读懂比较艰深的文章了"。

此前，杨绛又开始写研究文章——她是读书人，不让她读书不行；她是写作者，不让她写作也不行。

"我一生与诗书做了闺中伴，与笔墨结成骨肉亲。"越剧《红楼梦》里林黛玉的唱词，用来形容杨绛很贴切，但是杨绛不似黛玉脆烈敏感。黛玉宁为玉碎，不为瓦全；杨绛是蒲苇韧如丝。

杨绛为小妹妹杨必翻译的英国名著《名利场》写作《萨克雷〈名利场〉序》，后改为《论萨克雷〈名利场〉》，结果遭到了批判，被扣上罪名——鼓吹写"真实论""资产阶级人性论"。

没有安静，没有宁帖。山雨已经来了。

1966年，"文化大革命"爆发。

一次大会前，群众传看一份文件，传到杨绛近旁时却跳过了她，好像没有她这个人。

再有一次大会上，忽然有人发问："杨季康，她是什么人？"会后就有人通知她:"以后开会,你不用参加了。"

杨绛就这样给"揪出来了"。一同"被揪出来"的李健吾、卞之琳、罗念生、邹荻帆等,均坐在空落落的办公室里"待罪"。

然后,忽然有一天,他们被召去开大会。会上,有人愤怒地控诉他们的种种罪行,并公布他们今后的待遇:

一、不发工资,每月发生活费若干元;
二、每天上班后,身上挂牌,牌上写明身份和自己招认并经群众审定的罪状;
三、组成劳动队,行动听指挥,并由"监管小组"监管。[1]

风动处树叶哗哗地摇,摇出骤雨遮蔽天日。

紧接着,钱锺书也"被揪出来"。至于钱锺书为什么会"被揪出来",他自己也觉得莫名其妙。

罢了。

劫难已经来了。

"揪"是一个不好的词。好好的花被揪了花瓣,花就秃了;好好的鸟被揪了羽毛,就不像鸟了;好好的人从人群中"被揪出来",就成了众矢之的。

---

[1] 见杨绛《将饮茶·丙午丁未年纪事(乌云与金边)》,生活·读书·新知三联书店2015年5月版。

杨绛"被揪出来",她不再是学者,被派了新任务,打扫女厕所;钱锺书也不再是学者,他被委派的新任务是扫院子。

杨绛明白自己将会在很长一段时间内干这份工作,所以置备了小铲子、小刀子、大小两个盆,又用竹筷和布条做了一个小拖把,还带了去污粉、肥皂、毛巾之类的东西放在厕所里。原本污秽不堪的厕所,不出十天,便被她擦洗得亮堂堂的。

翻译家潘家洵的太太对杨绛说:"人家说你收拾的厕所真干净,连水箱的拉链上都没一点灰尘。"

大约在沈从文去世三年前,一位女记者问起沈从文在"文化大革命"时的情形。沈从文先生说:"我最大的功劳是扫厕所,特别是女厕所,我打扫得可干净了。"女记者很感动,走过去拥着他的肩膀说了句:"您真的受苦受委屈了!"

杨绛和钱锺书成了"资产阶级学术权威","被批斗""被揪斗",有时各自"挨斗",有时一起"挨斗"。

杨绛终于忍不住爆发了。

有人联名声讨钱锺书轻蔑领导的著作,杨绛看后"不禁大怒"。她经历过国难,经历过动荡,经历过战乱,经历过小家庭多了小成员的忙碌,经历过缺食少衣的艰苦。母亲去世,她痛哭;父亲去世,她痛哭。她伤心、难过,但是,少有大怒。

印象中的一次大怒,是一个日本兵用手指抬她的下巴,她因受了轻薄,不管不顾,大怒曰:"岂有此理!"

如今,五十多岁的她再一次大怒,因为捕风捉影也该有个风、有个影，不能这样无因无由地栽人。她爱钱锺书爱到甘为钱锺书做灶下婢，身为大家闺秀挎菜篮子上街买菜，烧火煮饭；她爱钱锺书爱到纵容钱锺书的痴气，包容和成全他的痴气。若被声讨的是她，她未必有这样的怒。

2016年5月26日，《中国青年报》发表对翻译家叶廷芳的采访报道，其中叶廷芳回忆了多年老友杨绛先生：

> 今天，作家、翻译家、钱锺书先生之妻杨绛在北京协和医院病逝，享年一百〇五岁。
> ……在叶廷芳的记忆里，"文革"初期，有人写钱先生的大字报，杨绛就在这张大字报的边上糊一张小字报，逐条澄清事实。他更深刻的印象是，当时在外文所召开的批斗会上，"我们这些所谓的走资派都低着头不敢吭声。只有杨绛，当揭发批斗到钱先生时，她迅速起身为钱先生辩护，和别人争得面红耳赤"。
> 叶廷芳记得很清楚，杨绛当时甚至跺着脚，就是不服，执着地澄清："你们说的不是事实。"
> "当时真的如同母狮，难以想象看起来那么柔弱的女子居然可以这么刚强。"叶廷芳说。[1]

---

[1] 见《叶廷芳忆杨绛："文革"时如母狮为钱锺书辩护》，《中国青年报》2016年5月26日03版。

父亲是律师,讲究符合事实;她是学问家,讲究符合事实。不符合事实即为冤,她被冤得怒气冲天。

时隔多年,杨绛自嘲道:

> 我想这有何难,就难倒了我?况且知识分子不都是"资产阶级知识分子"吗?叫又何妨!我暂时充当了《小癞子》里"叫喊消息的报子";不同的是,我既是罪人,又自报消息。当时虽然没人照相摄入镜头,我却能学孙悟空让"元神"跳在半空中,观看自己那副怪模样,背后还跟着七长八短一队戴高帽子的"牛鬼蛇神"。那场闹剧实在是精彩极了,至今回忆,想象中还能见到那个滑稽的队伍,而我是那个队伍的首领!
>
> …………
>
> 我心想,你们能逼我"游街",却不能叫我屈服。我忍不住要模仿桑丘·潘沙的腔吻说:"我虽然'游街'出丑,我仍然是个有体面的人!"[1]

杨绛坚持在精神上做个堂堂正正的"人",尽管不顺,但她不允许精神也饱受摧残。

---

1 见杨绛《将饮茶·丙午丁未年纪事(乌云与金边)》,生活·读书·新知三联书店2015年5月版。

第八章

悲欣交集,洗尽铅华

风暴越刮越烈。

每晚,杨绛一想到有什么该毁掉的,就打着手电,悄悄地赤脚到各处去搜出来。可是,"毁尸灭迹"绝非易事。少量的纸灰可以浇湿了拌入炉灰,倾入垃圾,烧的时候也不致冒烟。大沓的纸却不便焚烧,怕冒烟;纸灰也不能倾入垃圾,因为准有人检查,垃圾里有纸灰就露馅儿了。

杨绛常把字纸撕碎,浸在水里揉烂,然后拌在炉灰里。这也只能是少量的。留着会生麻烦的字纸真不少。后来,她发现他们从不检查上下班随身携带的手提袋,于是将字纸大包大包地带入厕所,塞在废纸篓里,然后倒入焚化脏纸的炉里烧掉。只可惜她销毁的全是无辜的东西,包括好些值得保留的文字。

但是她不肯将《堂吉诃德》的译稿烧了。她被迫"学习"了又"学习",也被批判了又批判,谁知道她是怎么在夹缝里把它译出来的,她舍不得。

> 凡是走过这条道路的都会知道，这条路不好走。而翻译工作又是没有弹性的，好比小工铺路，一小时铺多少平方米，欠一小时就欠多少平方米——除非胡乱塞责，那是另一回事。我如果精神好，我就超额多干；如果工作顺利，就是说，原文不太艰难，我也超额多干。超额的成果我留作"私蓄"，有亏欠可以弥补。攒些"私蓄"很吃力，四五天攒下的，开一个无聊的会就耗尽了。所以我老在早作晚息攒"私蓄"，要求工作能按计划完成。便在运动高潮，工作停顿的时候，我还偷工夫一点一滴地攒。《堂吉诃德》的译稿，大部分由涓涓滴滴积聚而成。我深悔一心为堂吉诃德攒"私蓄"，却没为自己积储些多余的精力，以致妖精乘虚而入。我做了"牛鬼蛇神"，每夜躺着想这想那，却懵懵懂懂，一点没想到有妖精钻入笔记。我把这点疏失归罪于堂吉诃德，我想他老先生也不会嗔怪的。

《堂吉诃德》是这样译的，且并没有完成，一共八卷，她只译到第六卷，尚没有译完。这下子好了，被人连锅端了。

1966年8月27日，早上杨绛翻译的"黑稿子"《堂吉诃德》刚被没收，晚上她又被剃成了"阴阳头"。

---

1 见杨绛《将饮茶·丙午丁未年纪事（乌云与金边）》，生活·读书·新知三联书店2015年5月版。

钱锺书急得直问怎么办，她说不要紧，她有办法。

当晚，她找出女儿钱瑗几年前剪下的两条大辫子，拿一只掉了耳朵的小锅做楦子，用钱锺书的压发帽做底，把头发一小股一小股地缝上去。费了一夜工夫，做成一顶假发，还笑说："小时候老羡慕弟弟剃光头，洗脸可以连带洗头，这回我至少也剃了半个光头。"

她若无弹性和韧劲，可怎么活！过刚易折，过柔易曲。杨绛也刚，但是不过头；也柔，但是不过头。她是能活的时候一定会活，碰到底线的时候也会大怒大叫。

杨绛后来回顾这段日子说：

……我虽然每天胸前挂着罪犯的牌子，甚至在群众愤怒而严厉的呵骂声中，认真相信自己是亏负了人民、亏负了党，但我觉得，即使那是事实，我还是问心无愧，因为——什么理由就不必细诉了，我也懒得表白，反正"我自巍然不动"。打我骂我欺侮我都不足以辱我，何况我所遭受的实在微不足道。至于天天吃窝窝头咸菜的生活，又何足以折磨我呢？我只反复自慰：假如我短寿，我的一辈子早完了，也不能再责望自己做这样那样的事。[1]

不怨恨的人不容易被自怜自艾打倒，有好奇心的人不容易被世情打倒，这很好。

---

1 见杨绛《将饮茶·丙午丁未年纪事（乌云与金边）》，生活·读书·新知三联书店 2015 年 5 月版。

文学所的"牛鬼蛇神"们被集中在"三楼",那里原本是堆放残破物件的大仓库,闷热脏乱,现被利用起来给这些"牛鬼蛇神"们"更上一层楼"。

后来,杨绛从"三楼"下楼了,工作仍旧是每天收拾女厕所,厕所收拾完,就到群众的办公室外面扫扫窗台、抹抹玻璃。如今,她又多了一项任务——寻找《堂吉诃德》的下落。

好比英雄寻觅美人,墙里秋千墙外道,哪间屋子都扫到,可是秋千架上没有伊人笑。

后来,很偶然的,在打扫后楼一间储藏室时,杨绛从废纸堆里发现了它。她又惊又喜,趁着监督的老干部转身之际,抱起大纸包就要往外"偷"。

可还没来得及出门,便被一个"牛鬼蛇神"指着大喝一声:"杨季康,你要干什么?"

完了。

干部转身看着她,她说:"这是我的稿子!"

干部说:"是你的稿子。可是你现在不能拿走,将来到了时候,会还给你的。"

于是,杨绛先把稿子放在书柜里,但怕放的位置太好,被人扔出来;又取出来放在柜顶,叹口气,如同撇下儿女,硬硬心肠不再顾。

幸得下放干校前夕,原先的组秘书当了学习组长。杨绛求他,他问明情况后立即找来《堂吉诃德》还给了杨绛。

杨绛将它抱在怀里,赶忙回家藏起来。

落难的堂吉诃德居然碰到这样一位扶危济困的骑士！我的感激，远远超过了我对许多人、许多事的恼怒和失望。[1]

终究是她一贯的积极坚持帮了她，给了她亮光。于困苦之地，她仍能找到安慰；于污秽之境，她仍能看见莲花。

事情总是一喜一悲，交替而来。

1969年11月3日，钱锺书告诉杨绛："这个月11号，我就要走了。我是先遣队。"

杨绛觉得像是有一颗雷在头顶炸开，她知道钱锺书这是要去"五七干校"了。

"五七干校"是将党政机关干部、科技人员和大专院校教师等下放到农村后，让干部接受贫下中农再教育，进行劳动的场所。

下放，不是放假，是不再回来。

"何当共剪西窗烛，却话巴山夜雨时。"

再过几天就是钱锺书虚岁六十的寿辰了，连本来打算吃一碗长寿面的庆祝都做不到了。再等到七十整寿？二人已老，天知道他们能不能等到。

"为什么你要先遣呢？"

---

1 见杨绛《将饮茶·丙午丁未年纪事（乌云与金边）》，生活·读书·新知三联书店2015年5月版。

"因为有你，别人得带着家眷，或者安顿了家再走；我可以把家撂给你。"

"干校"在河南省罗山县。

当时，女儿钱瑗和女婿王德一各在工厂劳动，他们趁休息日回家帮着杨绛给爸爸收拾行李。他们把箱子用粗绳子密密缠捆，算是加了层防护，免得箱子在旅途中被摔破或压塌。

杨绛感叹道："可惜能用粗绳子缠捆保护的，只不过是木箱、铁箱等粗重行李；这些木箱、铁箱，确也不如血肉之躯经得起折磨。"

盘算下来，他们这些血肉之躯遭过的折磨确乎比木箱、铁箱多，如今还能行走工作，确乎比这些箱子耐磨。杨绛把耐脏的绸子用缝纫机胡乱地做成毛毯的套子，准备经年不洗；补了一条裤子，屁股处厚如龟壳，用线一圈圈走满，像个布满经线纬线的地球仪。钱锺书很欣赏，说好极了，穿上好比随身带着个座，随处可以坐下。

先遣队出发那天，杨绛、钱瑗、王德一到火车站送行。他们三个就在车外痴痴地站着，未等火车开动，钱锺书便催他们回去。

杨绛心想："让他看我们回去还有三人，可以放心释念，免得火车驰走时，他看到我们眼里，都在不放心他一人离去。"于是，他们遵照钱锺书的意思，不等车开，先自走了。几次回头望望，车还未动，车下还是挤满了人。

亲人凄离，满满都是情。

先遣队之后，文学所和另一所——部队里不称"所"，而称"连"，最先下放。两个连动身的日子，学部敲锣打鼓，大家放学后都去欢送。

杨绛回忆：

　　下放人员整队而出；红旗开处，俞平老和俞师母领队当先。年逾七旬的老人了，还像学龄儿童那样排着队伍，远赴干校上学，我看着心中不忍，抽身先退；一路回去，发现许多人缺乏欢送的热情，也纷纷回去上班。大家脸上都漠无表情。

　　钱锺书等先遣人员到达了罗山县的干校，这原来是一个废弃之地，远离县城，土积尘封。第二天，一场大雪过后，天气骤寒。11月17日，大队人马到达，八十几个单身汉聚居一屋，分睡数炕。

　　罗山无地可耕，干校人员又于一个多月后大包小裹地搬到息县东岳。那里更加地僻人穷，冬天寒冷，不少人脸上生了冻疮。

　　他们在那里拉大车、脱坯、造砖、盖房，钱锺书和俞平伯等几位"老弱病残"则干些杂活、轻活。

　　钱锺书和丁声树这两位一级研究员被分配烧开水，水半天烧不开——他们哪有这种生活智慧，且又是在大风大雪的露天里，怎么能烧开一锅炉的水？结果被人们戏称为"钱半开"和"丁半开"。

　　在北京的杨绛除了要"学习""检讨"，还要挖防空洞、做砖头。挖完了防空洞，就把图书搬来搬去，搬完自己单位的，又搬别的单位的。沉重的铁书架、沉重的大书橱、沉重的卡片柜，全都由年轻人狠命地用肩膀扛，贴身的衣衫被磨破，露出肉来。

1　见杨绛《干校六记》，生活·读书·新知三联书店2015年4月版。

杨绛体弱，干些轻活，得空就给锺书寄包裹；钱锺书则得空就写家信，三言两语，断断续续，白天黑夜，想起什么就写什么——一个下放人员的儿子年纪小，睡觉时常围着炕尿一遭，给他们"施肥"，也被他写进信里。

只是这些信都没有保留下来，杨绛深以为憾，转念一想："更有价值的书信都毁掉了，又何惜那几封。"

杨绛身边有一个年轻同事有轻生之念，他把欠杨绛的钱塞进杨绛的抽屉，留了条子给杨绛。杨绛发现后，马上赶到办公室，看见那人正坐在办公桌前低头发呆。杨绛快步上前，把还她的钱包在纸里给他，里面还有一张字条：

来日方长，要保重身体；要耐心、冷静、坚强。这些钱我不需要，你拿去买些生活必需品吧！[1]

好一个"来日方长"。这个年轻人后来成了著名的莎士比亚研究专家，是中国最完备的《莎士比亚全集》的主编，他就是郑土生。每每回忆起此事，他的心里满是感动。

北京筑地道，给每户人家摊派做砖的任务，一人要做一百块。杨绛一家三口，要做三百块。钱锺书在干校劳动，女儿在厂里劳动，女婿本来可以指望，却也指望不上——王德一在大学里亦不自由。

王德一对杨绛说："妈妈，我不能对群众态度不好，也不能顶撞宣

---

[1] 见罗银胜《杨绛传（追思纪念版）》，天地出版社 2016 年 5 月版。

传队；可是我绝不能捏造个名单害人，我也不会撒谎。"

终于，在杨绛下放干校前夕，王德一含冤自尽。

杨绛要下干校，所里的年轻人还为她捆扎行李，帮她托运。

赠人玫瑰，手留余香。正因为杨绛待人和善，乐于助人，才会收获这样的感动与尊重。

1970年7月12日，杨绛动身下干校。阿圆送她上了火车，她也催促阿圆先归，别等车开。

> 她不是一个脆弱的女孩子，我该可以放心撇下她。可是我看着她踽踽独归的背影，心上凄楚，忙闭上眼睛；闭上了眼睛，越发能看到她在我们那破残凌乱的家里，独自收拾整理，忙又睁开眼。车窗外已不见了她的背影。我又合上眼，让眼泪流进鼻子，流入肚里。火车慢慢开动，我离开了北京。[1]

杨绛见到了钱锺书，又黑又瘦，脸上还长了脓疱。此时，钱锺书已经不烧锅炉了，他白天看管工具，晚上巡夜，兼当信差。

杨绛属于外文所，钱锺书属于文学所，二人不在一个"连"。相去虽只有不到一个小时的路程，但是他们各自都要听指挥、服从纪律，不能随便走动。不过，他们可以通信，休息日可以"探亲"。这里不是七日一休，而是十日一休，称为大礼拜。如有事，大礼拜可随时取消。知道爱

---

[1] 见杨绛《干校六记》，生活·读书·新知三联书店2015年4月版。

人就在不远处，比起在北京独自过活的女儿，已算是小团圆。

当年未实行生产承包责任制，老百姓们常干的活计就是下大田劳动，种豆种麦，有专人送饭到田里。住房要自己造，要脱坯。脱坯的活计老年人决计干不得，体弱的年轻人也干不得。

烈日炎炎，平平的坯场被晒得冒烟，赤膊壮汉把黄泥一下下地摔，摔熟泛了，就倒入木头做的坯模，晒干后脱出坯来。如今去不大富裕的村庄，也能看见坯房，晴天无事，怕落雨，雨下来泡得软塌。这些活计也是杨绛和钱锺书等人当时干的活计。

杨绛老弱，被分在了"菜园班"，白天在窝棚里独自看菜。每日见闻，所思所感，点点滴滴，汇聚成信，写给钱锺书。

钱锺书是信使，要送信、取信。窝棚与他走的路线相距不过百步，这对夫妻可以于田边相会。

　　每天午后，我可以望见他一脚高、一脚低从砖窑北面跑来。有时风和日丽，我们就在窝棚南面灌水渠岸上坐一会儿晒晒太阳。有时他来晚了，站着说几句话就走。他三言两语、断断续续、想到就写的信，可以亲自撂给我。我常常锁上窝棚的木门，陪他走到溪边，再忙忙回来守在菜园里，目送他的背影渐远渐小，渐渐消失。他从邮电所回来就急要回连分发信件和报纸，不肯再过溪看我。不过我老远就能看见他迎面而来；如果忘了什么话，等他回来可隔溪再说两句。

1　见杨绛《干校六记》，生活·读书·新知三联书店2015年4月版。

杨绛调侃："我们老夫妇就经常可在菜园相会，远胜于旧小说、戏剧里后花园私相约会的情人了。"

这样做，也是真风雅：日日窝棚独坐，老夫溪边经过。满园菜苗青青，看我二人传情。

每天清早吃罢早饭，杨绛便要到菜地巡视，因为胡萝卜长得稍大点就会给人拔去，白菜的菜心一长瓷实就会给人斫去。

有一次，杨绛发现三个女人正在拔他们的青菜，看见她来，站起身就跑。她追得快，她们就一面跑一面把青菜抛掷地下，去了贼赃，不怕被捉。杨绛倒是希望她们把青菜带回家去吃一顿，她拾了也没什么用，追她们只是出于职责。

杨绛胆小，但是因为不和同屋的伙伴在一处劳动，晚上不能和她们结队一起回村，便只好独往独来。

……我喜欢走黑路。打了手电，只能照见四周一小圈地，不知身在何处；走黑路倒能把四周都分辨清楚。我顺着荒墩乱石间一条蜿蜒小径，独自回村；近村能看到树丛里闪出灯光。但有灯光处，只有我一个床位，只有帐子里狭小的一席地——一个孤寂的归宿，不是我的家。

---

1 见杨绛《干校六记》，生活·读书·新知三联书店 2015 年 4 月版。

菜园班还养过一条小狗,名叫小趋,钱锺书颇得它的青睐。它看见他来,知道他准会带一些带毛的硬肉皮或带筋的骨头,便蹦跳欢迎,拼命摇尾巴打滚儿。

"默存大概一辈子也没受到这么热烈的欢迎。他简直无法向前迈步。"杨绛说。

小趋也喜欢杨绛,因为她经常分享她的晚餐给它。

干校后期,迁往明港。动身前须拆除所有的建筑,于是拔的拔、拆的拆,拖拉机又来耕了一遍地。他们夫妻常相会的菜园窝棚没了,井台没了,灌水渠没了,菜畦没了。

干校的任务也由劳动改为"学习",看电影也是学习,不准逃学。

一天晚上,杨绛他们在饭后各提马扎,列队上广场,挨次入座。电影只那么几部,轮番地演。杨绛打着盹儿看完一场电影。随着队伍回宿舍时,只顾低头看前人的脚跟,结果跟到了别人的宿舍。她急忙退回。但是队伍四散,她找不到自己的宿舍了,问人也不知道。

人都各回各屋,她像是流落异乡,举目无亲,抬头只见满天星斗。

杨绛凭天上星座知道自己已经离宿舍很远,她一直往南,却走进了营地的菜圃。她一手提马扎,一手打手电,缓缓落脚,战战兢兢,如临深渊,一步不敢草率。

好不容易走出这片菜地,结果过一道沟仍是菜地。她走呀走呀,总也走不出。

幸亏方向没错,出得菜地,越过煤渣铺的小道,越过乱草石堆,终于走上大路。杨绛立即拔腿飞跑，一口气跑回宿舍。

宿舍里，大家各忙各的，她好像只是上了个厕所回屋，谁也没有想到她会睁着眼睛跟错队伍。睡在硬邦邦、结结实实的床上，只觉得有享不尽的安稳。

在明港，干校的条件已有改观，居处宽敞了，伙食也好，厕所也不复是苇墙浅坑。钱锺书和杨绛的宿舍只隔一排房子，来往也方便。女儿在北京源源不断地给他们邮寄食物和各种外文报刊，同伴中又有书籍暗中流通，互相传阅。四周清幽，可资流连，二人每天黄昏一同散步，更胜于菜园相会。

只要夫妻俩能在一起，苦也甘愿。

若得此情长相伴，何羡做神仙。

梁园虽好，不是久恋之家。

一次，一只猫叼了一只身体分离的死鼠放在杨绛床上。杨绛告诉钱锺书，说猫儿"以腐鼠'饷'我"。钱锺书安慰她道："这是吉兆，也许你要离开此处了。死鼠内脏和身躯分成两堆，离也；鼠者，处也。"杨绛听后大笑。

年底时，钱锺书告诉杨绛一件传闻，说是北京打电报给学部干校，叫干校遣送一批"老弱病残"回京，"老弱病残"的名单上有自己。

杨绛喜出望外："默存若能回家，和阿圆相依为命，我一人在干校就放心释虑。"

几天后，钱锺书告诉杨绛，批准的名单下来了，其中有他。再过几天，却无动静；再问时，他说，名单已经公布，没有他了。

杨绛的心直往下沉。

钱锺书并不比别人少壮,却不能回京,想必是他档案里的黑材料影响的。她把这想法跟钱锺书说,到底是男人,钱锺书释然道,事情已成定局,还管它干什么。

杨绛嘿然自笑。妄想已属可笑,还念念在心,洒脱不了。

回京的人动身走了,留下的,想必要留一辈子,能洒脱吗?

一天,夫妻二人路过菜园,杨绛指着窝棚说:"给咱们这样一个棚,咱们就住下,行吗?"

钱锺书认真想了一下说:"没有书。"

杨绛认同。真的,物质享受都可舍得,没有书却过不了日子。

这里没有图书馆,没有盛满了书的书桌,没有笔和纸,只有无处安放的思想和头脑。若是身体健壮,能够通过体力劳动创造价值也好,可是两人都已经年老,拿不动锄头了。

对于"读书"一事,杨绛有着独特的理解,她把读书比作串门。

我觉得读书好比串门儿——"隐身"的串门儿。要参见钦佩的老师或拜谒有名的学者,不必事前打招呼求见,也不怕搅扰主人。翻开书面就闯进大门,翻过几页就升堂入室;而且可以经常去、时刻去,如果不得要领,还可以不辞而别,或者另找高明,和他对质。不问我们要拜见的主人住在国内国外,不问他属于现代古代,不问他什么专业,不问他讲正经大道理或聊天说笑,都可以挨近前去听个足够。[1]

她对读书的作用也有着不一样的想法：

> 世界再大也没有阻隔。佛说"三千大千世界"，可算大极了。书的境地呢，"现在界"还加上"过去界"，也带上"未来界"，实在是包罗万象，贯通三界。而我们却可以足不出户，在这里随意阅历，随时拜师求教。谁说读书人目光短浅，不通人情，不关心世事呢！这里可得到丰富的经历，可认识各时各地、多种多样的人。经常在书里"串门儿"，至少也可以脱去几分愚昧，多长几个心眼儿吧？[2]

想想如今这样，当初不回故国可好？杨绛于是问钱锺书："你悔不悔当初留下不走？"

钱锺书说："时光倒流，我还是照老样。"

杨绛一直认为，"默存向来抉择很爽快，好像未经思考；但事后从不游移反复。我不免思前想后，可是我们的抉择总相同"。

她难得用了很重的一个词——抉择。

当时，许多人都走了，他们本来也可以走，但没有走。他们心中不

---

[1] 见杨绛《杂忆与杂写：1933—1991·读书苦乐》，生活·读书·新知三联书店 2015 年 4 月版。

[2] 见杨绛《杂忆与杂写：1933—1991·读书苦乐》，生活·读书·新知三联书店 2015 年 4 月版。

会没有挣扎，但仍旧选择相信，选择留下。

他们是不后悔的，再来一次，仍旧是一样的选择，赤子之心，只为家国。

好在事情有了转机，钱锺书终于调回了北京。

1972年3月，杨绛和钱锺书作为"老弱病残"人员，终于离开干校，回到北京。

回京不代表一切皆好，仍有余绪未清，偏见未正。

因为钱锺书是"资产阶级学术权威"，回京后，他们不得不将房子让出一半，给一户"革命群众"居住。

一天，那家的女主人因一件生活琐事，说阿圆"不是好人"，还打了阿圆一耳光。杨绛护女心切，当即还手，却被抓住肩膀和衣领，按到地上又提起来，又摔下，又提起，又摔下。

钱锺书听到声音后跑出来，举起木架子侧面一块相当厚的木板，劈头就打。

钱锺书这个书生，只会逞文字风流，生活中连鞋带都系不牢靠，筷子也使不灵便，向来只有杨绛照顾他的份儿。就算是"挨批挨斗"、剃"十字头"，他也没有反抗过。杨绛还有过一次爆发，愤怒地大叫"就是不符合事实，就是不符合事实"，他一次也没有。

这辈子唯一一次动手，是为了保护杨绛。

两人都年逾六十，动了肝火，杨绛担心钱锺书的身体，赶紧拉他回房，关门上锁。

那家人事后扬言要报复他们。为了不生事端，在阿圆的建议下，他们于 1973 年 12 月 9 日雇了一辆三轮汽车，颠颠簸簸地逃到北师大，住进钱瑗住了多年的宿舍。

钱瑗的左邻右舍都出来招呼，还热情地送来被子、褥子、枕头、锅碗瓢盆、菜刀、铲刀、油盐酱醋、味精、煤炉子、煤饼子等，钱锺书一家人充满感激。

许是着急上火，杨绛忽然流起鼻血。她独自跑到楼上盥洗室用冷水冰鼻梁、冰脑门儿，直到鼻血不流，才下楼回到阿圆的房间。

阿圆突然想到自己屋里又脏又乱，大窘道："啊呀！不好了！大暴露了！"

杨绛一向爱整洁，阿圆常和爸爸结成一帮，暗暗反对妈妈的整洁。例如，杨绛搭毛巾，边对边，角对角，齐齐整整；阿圆和钱锺书则认为费事，随便一搭更方便。不过，三个人会互相妥协，他们把毛巾随手一搭，杨绛就重新搭搭整齐；杨绛不严格要求，他们也不公然反抗。

看了女儿房间的"大暴露"，杨绛直笑。

三人同住一房，阿圆不用担心爸爸妈妈受欺负，他们也不用心疼女儿每天挤车往返。

屋子是冷的，一家人的心却是暖的。

你说人这一辈子，活的是个什么？

人，就算拥有至高无上的权力，拥有高尚深邃的思想，也总是要爱人，要被人爱。杨绛和钱锺书虽是被迫搬家，可也是真的幸福。

"此生此夜不长好，明月明年何处看。"

第九章

第九章 历尽千帆，仍是先生

阿圆的同事让出小红楼的两间房给杨绛夫妇，于是他们搬往了小红楼。

搬家自然忙乱，钱锺书劳动态度好，别的忙帮不上，便拙手笨脚地扫那陈年积土。杨绛阻止不及，钱锺书已吃下大量灰尘。本来已经着凉感冒，这下引发了哮喘，不能躺下睡觉，得用许多枕头、被子支起半身，有时甚至不能卧床，只能满地走动。

街道小医院的医生给钱锺书开了药，可是不管事，钱锺书的呼吸如呼啸，杨绛戏称他为"呼啸山庄"。

一夜，钱锺书穿了又重又不暖和的厚呢大衣在屋里走动。杨绛和衣而卧陪着他，已经几夜没有睡觉。忽然听不见钱锺书的呼啸了，见他趴在桌上声息全无，吓得杨绛立即跳起来摸他的手，他随即捏捏杨绛的手。

原来他是乏极了，打了个盹儿，这样一来，呼啸声便又开始了。

1974年1月18日下午，杨绛刚煮好一锅粥，便听到钱锺书的呼啸和平时不同，急促得快连续不上。

阿圆恰好下班回来，急忙到医院去找大夫，又找到校内的司机，司机恰要到北医三院去。几个邻居架扶着钱锺书，把他推上汽车。杨绛和阿圆坐在他的两旁，听见钱锺书急促的呼啸像是随时会停止似的，杨绛急得左眼渗血。

到了北医三院，大夫给钱锺书打针又输氧，将近四个小时后，他才缓过来。

校医室也照顾他们，由护士到家里来为钱锺书打针。

钱锺书渐渐好起来，能起床卧在躺椅里，也能由杨绛扶着，自己到医院去请护士打针。但是，邻居又发现钱锺书上厕所路过他家时东倒西歪的。杨绛也发现他躺在椅里看书、写笔记，手不应心，字都歪歪斜斜地飞出格子。渐渐地，钱锺书舌头也大了，话也说不清了。

杨绛托亲友走后门，在北京两家大医院给钱锺书看了病，诊断结果相同：哮喘导致大脑皮层缺氧硬化，无法医治，只能看休息一年后能否恢复。

寒冬已过，天气回暖，占用的小红楼总不能老不归还，于是杨绛到学部向文学所的小战士求得一间办公室。

为怕强邻扰乱，杨绛请人保驾，和她一同回家取了东西，终于把那间办公室布置停当。

1974年5月22日，他们终于迁入学部七号楼西尽头的办公室。

此处有文学所、外文所的许多年轻人照顾，虽是陋室，亦可安居。钱锺书的病情逐渐好转，他继续写《管锥编》，杨绛继续翻译《堂吉诃德》。

"我们不论在多么艰苦的境地，从不停顿的是读书和工作，因为这也是我们的乐趣。"杨绛说。

所以说，敬业不如乐业好，"要我读书"不如"我要读书"好，因为兴趣和乐趣做事，多难也甘愿。

钱锺书的这部被称为"国学大典"的《管锥编》，需要查证大量资料才能完成，幸得住在这里——文学院的图书资料室就在离他们很近的六号楼。

钱锺书借书不疲，非常得意地说："书非借不能读也！"他也赠书不疲，若觉得别人得了哪本书有益，或是他自己的，或是他家里的藏书，他都会毫不犹豫地取而赠之。

一次，二人睡觉，中了煤气。杨绛睡前吃了安眠药，竟然在梦中闻到味道。突然一声闷响，钱锺书摔在了地上，杨绛心上一急，醒了过来。她急忙扶起丈夫，火速开窗通风。

原来，钱锺书也在梦中闻到了味道，想起床开窗，却头昏摔倒。

两人胆战心惊地围着棉衣坐到天亮。

那时的北京，煤气罐已经取代了烧蜂窝煤的炉子。杨绛家里用着双套家当。睡觉前，杨绛把煤炉熄了。早上，钱锺书照例端来早餐，还拎着她喜吃的猪油年糕。吃着吃着，杨绛突然想到，钱锺书不会用煤气罐，因为他不会划火柴。

她问:"谁给你点的火呀?"

这时,钱锺书才得意地说:"我会划火柴了!"

在这期间,钱瑗与杨伟成注册结婚了。女儿有了美好的家,将来他们走了,不至于孤零零的一个人,杨绛夫妇心里安适了。

如果死亡可以商量,若让杨绛选择她和钱锺书谁先死,我估计她也会选择让钱锺书先死,因为她始终是钱锺书的三重支撑——生活支撑、心理支撑和精神支撑。她死了,钱锺书不能活。

但是,在她和女儿之间,她一定会选择自己先死,她要让女儿好好享用生命。这是慈母之心。

天下父母想的都是要黑发人送自己这白发人,但天底下哪有那么多尽遂人意的事。

杨绛命好吗?她活了一百多岁,照理说是好命人。可是,迟暮之年独自凄凉无人问,这样的命,算不算好?

严格评价的话,杨绛算是苦命人,一生经历动乱,老来丧女又丧夫,孑然一身。

但此时的杨绛并不知道自己的命运走向,她现在的日子,倒是越过越好了。

夫妻二人虽经历动乱,但还是好好地活了下来,且著述不断。

两个人,彼此照顾,彼此成全,相依相伴,始终乐观,保有希望。

1976年10月,"文化大革命"结束了。

尘嚣正缓缓散去,遮蔽的天日慢慢地现出阳光。

第九章 历尽千帆，仍是先生

1977年1月，忽然有人找杨绛到学部办公处去，一个办事人员交给她一串钥匙，叫她去看房子，还备有汽车，让钱瑗陪她一起去，并叮嘱她："如有人问，你就说'因为你住办公室'。"

杨绛和女儿同去看了房子，2月4日，立春，在办公室住了两年半后，杨绛夫妇搬至三里河南沙沟寓所。

这次搬家，他们绝不允许钱锺书动手，还将他当成一件"行李"保护起来，用车直接拉到了新家。

到底是谁让他们住进这高级宿舍的？杨绛和钱锺书摸不着头脑。

此间，胡乔木偶来造访夜谈，有一次问钱锺书："房子是否够住？"

原来是他。

杨绛道谢说："始愿不及此。"

原来的学部更名为中国社会科学院，从干校回来后，杨绛夫妇仍在此工作。

杨绛因对《堂吉诃德》原来的翻译不满意，又在原来的基础上从头译起，提高了"翻译度"，经过"点繁"（一点就点去了几万字），终于在"文化大革命"结束前后完成了七十多万字的小说译作。1978年，汉译本《堂吉诃德》由人民文学出版社出版。

她回顾这一历程：

> 1976年10月，"四人帮"被粉碎。11月20日，《堂吉诃德》第一、第二部全部定稿。次年搬入新居后，我又将全书通校一遍，于5月初送交人民文学出版社。1978年4月底，《堂吉诃德》出版。

6月,适逢西班牙国王、王后来中国访问。我参加国宴,小平同志为我介绍西班牙国王、王后。小平同志问《堂吉诃德》是什么时候翻译的,我在握手间无暇细谈,只回答说"今年出版的"。[1]

这部作品填补了我国西班牙语文学翻译的空白,问世以来,多次重版。每次杨绛都悉心校订,作品日臻完善。

围绕《堂吉诃德》,杨绛还撰写了一组九篇论文,就作品的时代背景、思想内容、艺术特色,以及作者和有关史实考订等问题展开。

1979年春天,杨绛与钱锺书同机赴法。后钱锺书作为中国社会科学院派出的第一个访美代表团的成员赴美;杨绛则留在巴黎,参加中国社会科学院访法代表团。

杨绛因翻译《堂吉诃德》,获西班牙政府颁发的大奖,西班牙政府通过西班牙驻华大使馆邀请她出访,第一任大使邀请,她谢绝;第二任大使送来正式的书面邀请,杨绛以正式的书面谢绝;第三任大使通过中国社科院领导马洪去请,杨绛"赖不掉了",才答应下来。

钱锺书得意地说:"三位大使才请动她!"

1983年11月,杨绛随中国社科院代表团一道到西班牙和英国做学术访问。

1986年10月,西班牙国王颁给杨绛"智慧国王阿方索十世十字勋章"。

---

[1] 见胡真才《杨绛先生谈〈堂吉诃德〉》,《科技文萃》2004年6月。

除了出国访问，杨绛也经常在寓所接受来自英、法、美、德、日、俄、新加坡等地的海外学者的采访。

除了翻译文学作品，杨绛还写了不少文学评论和小说。

人老了，都喜欢怀旧。杨绛眼见亲历的事情太多，喜乐惆怅怨怒，多少滋味，好似沧海里的每一滴水，似乎都入了口，咂了个遍。

1980年，杨绛开始写《干校六记》。

血衣的底子上绣出折枝花样，表面的宁静背后是巨大的伤痛。女婿自杀，女儿孤身在北京，老两口在荒寒之地飘零，不得团圆，不能返京。

笔触的淡，仿似"白头宫女在，闲坐说玄宗"。但白头宫女真把世情经历都抛远了，唐玄宗也不在了；杨绛却是硬要把残酷现实拉开拽开，好腾出一只眼睛，看看现实外的天空。

现实岂是拽得开的？就像她在《干校六记》里写围猎野兔：

村里十五六岁的大小子，不知怎么回事，好像成天都闲来无事的，背着个大筐，见什么，拾什么。有时七八成群，把道旁不及胳膊粗的树拔下，大伙儿用树干在地上拍打，"哈！哈！哈！"粗声訇喝着围猎野兔。有一次，三四个小伙子闯到菜地里来大吵大叫，我连忙赶去，他们说菜畦里有"猫"。"猫"就是兔子。我说："这里没有猫。"躲在菜叶底下的那只兔子自知藏身不住，一道光似的直蹿出去。兔子跑得快，狗追不上。可是几条狗在猎人指使下分头追赶，兔子几回转折，给三四条狗团团围住。只见它纵身一跃有六七尺高，掉下地就给狗咬住。在它纵身一跃的时候，我代它心胆俱碎。[1]

写于二十世纪八十年代早期的《记钱锺书与〈围城〉》，是杨绛的代表作之一。在文中，杨绛这样评价钱锺书：

> 我认为《管锥编》《谈艺录》的作者是个好学深思的锺书，《槐聚诗存》的作者是个"忧世伤生"的锺书，《围城》的作者呢，就是个"痴气"旺盛的锺书。[2]

概括精当，空前无两。恐怕没有人比她更了解钱锺书了。她还写了一篇《孟婆茶（胡思乱想，代序）》，颇有趣味：

> 我悄悄向近旁一个穿灰色制服的请教："我们是在什么地方？"他笑说："老太太翻了一个大跟头，还没醒呢！这是西方路上。"他向后指点说，"那边是红尘世界，咱们正往西去。"说罢也喊，"往前看！往前看！"因为好些乘客频频回头，频频拭泪。
> 我又问："咱们是往哪儿去呀？"
> 他不理睬，只用扩音器向乘客广播："乘客们做好准备，前一站是孟婆店；孟婆店快到了，请做好准备！"

---

[1] 见杨绛《干校六记》，生活·读书·新知三联书店 2015 年 4 月版。
[2] 见钱锺书《围城·记钱锺书与〈围城〉》，人民文学出版社 2017 年 6 月版。

前前后后传来纷纷议论。

"哦,上孟婆店喝茶去!"

"孟婆茶可喝不得呀!喝一杯,什么事都忘得一干二净了。"[1]

可她不想立刻去西方的极乐世界,因为她"夹带着好些私货呢,得及早清理"。

杨绛对生命的定义,大约就是两个字——体验。这个世界完全不属于我,我对这个世界的感受完完全全属于我。我来世界上,为的就是体验生活。

若这样论,杨绛的生活,比起我们大多数人,实在丰富得太多太多;她对于生活的体验,也着实夹带了太多太多的"私货"。

而这体验,是她自己要求多多益善的。

> 我们都要隐身衣;各披一件,同出遨游。我们只求摆脱羁束,到处阅历,并不想为非作歹。

> 消失于众人之中,如水珠包孕于海水之内,如细小的野花隐藏在草丛里,不求"勿忘我",不求"赛牡丹",安闲舒适,得其

---

[1] 见杨绛《将饮茶·孟婆茶(胡思乱想,代序)》,生活·读书·新知三联书店2015年5月版。

所哉。[1]

万人如海一身藏,然后把整个人间当作供她体验的阅历场,她可真是兴致盎然。

杨绛的短篇小说集《倒影集》,分别由香港文学研究社、人民文学出版社于 1981 年、1982 年出版。

她的长篇小说《洗澡》,通篇采用幽默和讽刺的笔法,描摹了知识分子在新中国成立之初的众生相。"小说里的机构和地名纯属虚构,人物和情节却据实捏塑",杨绛"掇拾了惯见的嘴脸、皮毛、爪牙、须发,以及尾巴,但绝不擅用'只此一家,严防顶替'的货色"。

杨绛仍旧秉持她以往的风格,平淡自然,行云流水,意在言外,从容温文,读来令人掩卷长太息,感触万千。

杨绛夫妇在三里河南沙沟的寓所是四室一厅,他们将客厅与书房合二为一,主要空间被五个书柜和一横一竖两张旧书桌占据。大的书桌面西,是钱锺书的;小的临窗向南,是杨绛的。

钱锺书的好友陈子谦先生写到一件小事。

1984 年 5 月,他去拜访钱锺书先生,是杨绛先生开的门,"她是那样温文尔雅,一副娇小文弱的样子"。

---

1 见杨绛《将饮茶·隐身衣(废话,代后记)》,生活·读书·新知三联书店 2015 年 5 月版。

钱先生让他坐下，杨先生从里屋用旧式茶盘端出两杯茶来，递一杯给他，递一杯给钱先生，然后双手托着茶盘一直背朝里屋退下。直到他告别时，杨先生才从里屋出来，满脸微笑地送他到门口。

杨先生端茶的动作，特别是她的"却行"显然是一种旧式礼节，这在当时我真还觉得不好理解，特别是对一位后生晚学，何必如此"讲礼"，这般客气？联系着钱先生当时穿的那件对襟布褂，我真是谜一般地猜不透他们的心蕴。现在看来，这就叫文化，这就是我们的传统，不管你如何漂洋过海，懂得多少门外语，受多少西洋风气的影响，到头来骨子里的还是本民族的东西，根子还得牢牢地扎在民族文化的传统中。

杨绛先生尽管留学过巴黎，翻译过《堂吉诃德》，写过现代剧本和小说以及理论著作，但到底还是中国传统文化熏陶出来的女性，所以才是那样"文质彬彬""温柔敦厚"，写《干校六记》那样的作品也是"怨而不怒"⋯⋯

生活中，杨绛是钱锺书的理发员，钱锺书是杨绛的书法老师。

年逾七旬的杨绛拿起毛笔练字，她请钱锺书当教员。钱锺书慨然答应，但提出严格要求：学生必须每天交作业，由他评分，认真改正。

钱锺书审批杨绛写的大字，一丝不苟地或画圈或打杠子。杨绛嫌他画的圈不够圆，便找来一支笔管，让他蘸印泥在笔画写得好的地方打个

---

1 见罗银胜《杨绛传（追思纪念版）》，天地出版社2016年5月版。

标记。杨绛想多挣几个红圈。钱锺书知道杨绛的心思，故意调侃她，找更多运笔差些的地方打上杠子。

翻译家高莽回忆说："我见过杨绛先生的大楷'作业'，她很重视钱先生的批示。两位老人童心不泯，感情纯真如初。"

苦日子过了，好日子来了，但彩云总是易散，琉璃总是脆的。鸳鸯能长伴一生吗？终会有一只失偶孤啼。

他们都老了，杨绛开始做别离的梦。

有一晚，我做了一个梦。我和锺书一同散步，说说笑笑，走到了不知什么地方。太阳已经下山，黄昏薄暮，苍苍茫茫中，忽然锺书不见了。我四顾寻找，不见他的影踪。我喊他，没人应。只我一人，站在荒郊野地里，锺书不知到哪里去了。我大声呼喊，连名带姓地喊。喊声落在旷野里，好像给吞吃了似的，没留下一点依稀仿佛的音响。彻底的寂静，给沉沉夜色增添了分量，也加深了我的孤凄。往前看去，是一层深似一层的昏暗。……向后看去，好像是连片的屋宇房舍，是有人烟的去处，但不见灯火，想必相离很远了。锺书自顾自先回家了吗？我也得回家呀。[1]

这么急着急着就醒了，醒后发现钱锺书睡得正酣。

杨绛在床上辗转反侧，等钱锺书醒来，把梦告诉他，还埋怨他怎么

---

[1] 见杨绛《我们仨》，生活·读书·新知三联书店 2018 年 6 月版。

一声不响地撇下自己自顾自地走了——撒娇是要看对象的，你是作家、翻译家、文化交流的使者，你是三位大使才请得动的人，这些都不是你撒娇的理由；但在丈夫身边，你是娇妻，你有撒娇的权利，你可以说："你怎么不管我，自己走了？"

钱锺书也并不较真地说那是梦中的我，他安慰杨绛说，自己也常做这样的梦。

是不是人老了，会忧心离别，所以都会做这样的老人梦？

此后，这样的梦杨绛又做过多次。

> 往往是我们两人从一个地方出来，他一晃眼不见了。我到处问询，无人理我。我或是来回寻找，走入一连串的死胡同，或独在昏暗的车站等车，等那末一班车，车也总不来。梦中凄凄惶惶，好像只要能找到他，就能一同回家。[1]

来来去去的梦，好像是要叫她做好准备。

"念去去，千里烟波，暮霭沉沉楚天阔。"

该来的还是来了，钱锺书病倒了。

钱锺书的身体一直不好，先是发烧，然后查出膀胱有癌变，做手术时又发现右肾萎缩坏死。杨绛衣不解带，日夜服侍。因病情反复，钱锺书在医院一住就是四年有余，终于不治。

1　见杨绛《我们仨》，生活·读书·新知三联书店 2018 年 6 月版。

杨绛劳瘁、焦苦，一程一程地把钱锺书送远，送到再也找不见的地方。

我疑疑惑惑地在古驿道上一脚一脚走。柳树一年四季变化最勤。秋风刚一吹，柳叶就开始黄落，随着一阵一阵风，落下一批又一批叶子，冬天都变成光秃秃的寒柳。春风还没有吹，柳条上已经发芽，远看着已有绿意；柳树在春风里，就飘荡着嫩绿的长条。然后蒙蒙飞絮，要飞上一两个月。飞絮还没飞完，柳树都已绿叶成荫。然后又一片片黄落，又变成光秃秃的寒柳。我在古驿道上，一脚一脚的，走了一年多。

她要送别一个远行的旅人，从春送到夏，从秋送到冬。

这期间，女儿又病倒了！

钱瑗作为博士生导师，除了给研究生上课，还代着本科生的课。因为住在城里，她怕高峰时堵车，便每天早起早走。

有人问她近况如何，她回答道："心力交瘁。"

人家劝她赶紧"勒马"，她说："我是骑在虎背上……"

钱瑗是中英合作项目负责人，英国《语言与文学》编委和全国高校外语专业指导委员会、北师大学术委员会、学位委员会的委员……她工作认真负责，但因长期超负荷工作，她的身体终于垮掉，先是不停咳

---

1 见杨绛《我们仨》，生活·读书·新知三联书店2018年6月版。

嗽，继而感冒、腰疼。

1996年，钱瑗腰疼得无法坐起，这才被"押送"到医院，检查发现是骨结核，且脊椎有三节病变，专家会诊后又确诊为肺癌晚期，此刻已病入膏肓。

这对于杨绛来说，无疑是雪上加霜。

钱瑗住的医院和钱锺书住的医院相隔大半个北京城，八十多岁的杨绛来回奔波。她亲自做各种鸡鱼蔬菜泥，将鸡胸肉剔得一根筋没有、鱼肉一根小刺也没有。她说："锺书病中，我只求比他多活一年。照顾人，男不如女，我尽力保养自己，争求'夫在先，妻在后'，错了次序就糟糕了。"

可次序还是错了，错得离谱，白发人先送黑发人。

1997年3月4日，被杨绛称为"平生唯一杰作"的爱女钱瑗去世。

1998年11月21日，时任中共中央政治局委员、中国社会科学院院长李铁映和副院长王忍之送上两只花篮，祝贺钱锺书八十八岁生日。

此后十多天，钱锺书病情平稳。但12月初，病情又突然凶险，钱锺书高烧不退。

钱锺书给妻子留下遗言："绛，好好哩（即'好生过'）。"

杨绛在钱锺书额头上轻轻一吻，附在耳边说："你放心，有我哪！"

这一吻，"我们仨"又少了一个人，家不成家，家似客栈。

我但愿我能变成一块石头，屹立山头，守望着那个小点。我自己问自己：山上的石头，是不是一个个女人变成的"望夫石"？

我实在不想动了，但愿变成一块石头，守望着我已经看不见的小船。

但是我只变成了一片黄叶，风一吹，就从乱石间飘落下去。我好劳累地爬上山头，却给风一下子扫落到古驿道上，一路上拍打着驿道往回扫去。我抚摸着一步步走过的驿道，一路上都是离情。

还没到客栈，一阵旋风把我卷入半空。我在空中打转，晕眩得闭上眼睛。我睁开眼睛，我正落在往常变了梦歇宿的三里河卧房的床头。不过三里河的家，已经不复是家，只是我的客栈了。[1]

在很大程度上，人对死的态度，能说明他对生的态度；反过来，人对生的态度，更能说明他对死的态度。

钱锺书自知不治，生前留下遗嘱："遗体只要两三个亲友送送，不举行任何悼念仪式，恳辞花篮花圈，不保留骨灰。"

十几年后的2012年，杨绛向时任中国社会科学院院长的陈奎元请求，自己去世后丧事从简，不开追悼会，不受赙仪，至多七八亲友送送。

2013年，杨绛留下遗嘱，去世后，不设灵堂，不举行遗体告别仪式，不留骨灰。

做夫妻做到这个份儿上，心意不言自明。生时不摆架子，死后不要哀荣，活得透脱，走得洒脱。

---

1 见杨绛《我们仨》，生活·读书·新知三联书店2018年6月版。

1998年12月21日，医院告别室内，没有挽联挽幛，没有鲜花哀乐，钱锺书身着黑色呢子大衣，戴深蓝色贝雷帽，系灰色围巾，安卧在一具简易的棺椁中。杨绛把亲手扎的花篮摆放在他的身旁。

　　要火化了，杨绛掀开白布，仔细凝视钱锺书。火化间的门关上，旁人劝她离开，她说："我要再站两分钟。"她没有哭，她说钱锺书不喜欢人家哭他。

　　钱锺书离世后，舒展的老伴去看望杨绛，一进门就哭了。

　　杨绛拉着她的手说："傻孩子，我都挺过来了，你还这样哀伤？你不懂呀，如果我走在女儿和锺书前面，你想想，钱瑗、锺书受得了吗？所以，这并不是坏事，你往深处想想，让痛苦的担子由我来挑，这难道不是一件好事吗？"

　　爱到深处是，你先死，我断后。活着本就不易，死却可得解脱。留在最后的人，是要"打扫战场"的，这个担子，她要一个人挑起来。

　　《赵氏孤儿》里，为救赵氏孤儿，程婴找公孙杵臼商议："屠岸贾不会甘心，必定会再来查找，你说怎么办？"公孙杵臼问："复立孤儿与死哪件事更难？"程婴答曰："死很容易，立孤难。"公孙杵臼便说："赵氏先君对你不薄，还是你做难事，我做容易的事，让我先行一步吧。"

　　是生于世日日夜夜地承受孤寂容易，还是死去容易？自然是死去容易。

　　我一向不羡慕永生，反而觉得永生的人最悲哀，风云飞卷，人们面目模糊地来来去去，没有一个能与自己绾结深而久的联系。

杨绛与尘世联结的两条线断了，从此，她一个人在世上漂流，成了孤舟片叶。

逝者已矣，生者如斯。

杨绛以年近九旬之躯，留在人世"打扫战场"。

2001年9月7日，在清华大学"好读书奖学金"的捐赠仪式上，杨绛宣布将夫妻所获的七十二万元稿酬及其后所发表作品获得报酬的权利捐赠给清华大学教育基金会，用于帮助贫困学生。

杨绛说，这次是她一个人代表三个人——她自己、已经去世的钱锺书和女儿钱瑗——说话。1995年钱锺书病重时，他们一家三口便商定用全部稿费及版税在清华设立一个奖学金，名字就叫"好读书"。奖学金的宗旨是扶助贫困学生，让那些好读书且能好好读书的贫寒子弟，能够顺利完成学业；期望得奖学金的学生，永记"自强不息、厚德载物"的清华校训，起于自强不息，止于厚德载物，一生努力实践之。

杨绛开始整理钱锺书留下来的手稿，这些手稿，有些已经破损模糊，有的被钱锺书勾勾画画。尽管琐碎，杨绛每天仍乐此不疲地把手稿摊一桌子，一点点地精心拼贴、付梓。她还给自己封了个官——钱办主任。

时日紧迫，"战场"繁忙。

她说："我来日无多，总怕来不及做完这件事，常常失眠，睡不着觉。"

《钱锺书手稿集》的编辑到杨绛家取资料，常看见杨绛眼睛红肿，全神贯注地拼对。

尽管繁忙,杨绛仍不忘做自己的事情。她开始翻译柏拉图的《斐多篇》,又先后出版了《从丙午到流亡》《我们仨》《走在人生边上》。

2010年10月2日,杨绛写下《忆锺书》:

> 与君结发为夫妻,坎坷劳生相提携。
> 何意忽忽暂相聚,岂已缘尽永别离。
> 为问何时再相见,有谁能识此天机。
> 家中独我一人矣,形影相吊心悲凄。

人活了近百年是什么感觉?

不耐烦的人、急性子的人、不沉稳踏实的人是活不到百岁的。忧生忧死,活活地把自己累死了。脾气暴躁,活活地把自己气死了。哭哭啼啼,活活地把自己耗死了。

杨绛是够耐烦的一个人,她经历了多少坎坷。出国,回国,流离,被诬,丧女,丧夫……

有人问:"杨先生,您一生是一个自由思想者。可是,在您生命中如此被看重的'自由',与'忍生活之苦,保其天真'却始终是一物两面,从做钱家媳妇的诸事含忍,到国难中的忍生活之苦,以及在名利面前深自敛抑、'穿隐身衣'、'甘当一个零'。这与一个世纪以来更广为人知、影响深广的'追求自由,张扬个性'的'自由'相比,好像是两个气质完

---

1 见杨绛《杨绛全集·第九卷》,人民文学出版社2014年8月版。

全不同的东西。这是怎么回事？"

杨绛回答："我这也忍，那也忍，无非为了保持内心的自由，内心的平静……含忍是为了自由，要求自由得要学会含忍。"[1]

对于"忍"字，杨绛实在是实践到了骨头里。她把肉身、名利等一切都交付出去，忍耐刀风箭雨，无非是要一个心的自由和平静。

钱锺书在世时，几乎不见媒体记者。钱锺书去世后，杨绛也几乎不见媒体记者。她倒情愿做《焦点访谈》那样的跟踪记者，或者战地记者，有一定的危险性和挑战性。但是，她不愿做追逐名人的记者。

一次，江苏省无锡市的领导前来看望杨绛，想修复钱锺书故居、杨绛家的老宅。杨绛表示："我们不赞成搞纪念馆。"

她是一位特立独行者。

凡尘俗世，为名忙，为利忙，越老越害怕不能在世间留下些什么，越愿意为一个"名"字活着。

《围城》里的方老爷子，在方鸿渐临行之际，吩咐了儿子许多，什么"咬紧牙关，站定脚跟""可长日思家，而不可一刻恋家"等。

> 鸿渐知道这些话虽然对自己说，而主要是记载在日记和回忆录里给天下后世看方遯翁怎样教子以义方的。……他现在一言一动，同时就想日记里、言行录里如何记法。记载并不完全凿空，譬如水泡碰破了总剩下一小滴水。研究语言心理学的人一望而知

1　见杨绛《走到人生边上——自问自答》，商务印书馆 2016 年 7 月版。

是"语文狂";有领袖欲的人,不论是文武官商,全流露这种病态。[1]

杨绛没有这样的欲望,她始终是一滴清水,不肯做肥皂水,不能吹泡泡。

上海《青年报》记者于杨绛百岁生辰的前一个月拨通了老人北京家中的电话,接电话的是家中保姆。保姆说:"杨绛先生说过了,她百岁生日不接受采访。先生向来为人低调,这是你们知道的。"

2011年7月17日,杨绛迎来了她的一百周岁生日,这一天和往常一样平静。

"你们在家替我吃一碗寿面。"她对亲友说。

诗人邵燕祥在杨绛生日当天发表了《勇者寿》,称颂杨绛,"真正意义上的达人在您这里":

多年来,我从您做人和为文中,读到您生命力的坚韧,并为您感到骄傲,您不忌讳这两个字吧,您是百炼钢化为绕指柔,柔能克刚的那一类型。……说您"世事洞明",自然当之无愧,而您更达到了超越世俗的人生(不仅是人生边上的)智慧。这是难得的通达和透彻(不是机巧和小聪明)。现在媒体经常炒作所谓"达人",真正意义上的达人在您这里![2]

---

1 见钱锺书《围城》,人民文学出版社2017年6月版。
2 见邵燕祥《勇者寿》,《文汇报》2011年7月17日。

中国作家协会的领导前去祝寿，时任中国作家协会副主席的李冰追述当时的情形：

> ……她发现天花板上有几个手印，就问了一句。杨绛先生的回答让我们着实吓了一跳。老人说那是她换灯管时按下的。杨绛先生家里用的是半个世纪前普遍使用的棒状日光灯。有一次灯管坏了，老人家便挪来一张桌子，高度不够，又叠加一把椅子，然后爬上去换灯管。无处可扶，只有用手撑住天花板以求平衡。老人登那么高，还要一只手把坏灯管用力抽下来，其惊险和难度不亚于杂技里的高空椅子顶。
>
> 我猜想，老人身边当时可能再无旁人，否则谁肯让老人冒险呢？身边无人保护，万一失手摔下来怎么办！等别人来更换不行吗？也许老人急需光亮，特别是晚上要读书写字。可家里其他房间灯也坏了吗？
>
> 想来想去，一个个假设的理由都不成立，唯一的解释是，老人刚强，内心里不服老，一些事要自己动手做。[1]

过了一百岁的杨绛，依然有着自己的目标。她不服老，不认输。

一般的年老的人黎明即起，天黑即睡，杨绛照旧凌晨一点睡觉，早晨六点多起床。如今都讲养生，要人夜里十一点睡觉，说是睡得晚身体

---

[1] 见李冰《留给回忆·说说杨绛的刚强》，作家出版社2015年9月版。

会受伤。我倒是觉得，困了不要熬夜，睡不着不要硬睡，顺其自然才好。杨绛一辈子晚睡晚起，她也活得那么大年岁。

起床后，杨绛会下楼在小区遛个小弯，吃完午饭再补个午觉，然后写写东西，练练字。

> 我今年一百岁，已经走到了人生的边缘，我无法确知自己还能往前走多远，寿命是不由自主的，但我很清楚我快"回家"了。我得洗净这一百年沾染的污秽回家。我没有"登泰山而小天下"之感，只在自己的小天地里过平静的生活。细想至此，我心静如水，我该平和地迎接每一天，过好每一天，准备回家。[1]

杨绛的话里有三个关键词：小天地、平静、回家。

能有一个自己的小天地，难得；能够在这方小天地里平静过活，难得；能够视死如归，也难得。

元才子赵孟頫，年近五十，慕恋年轻女子，意图纳妾，其妻写了一首《我侬词》："你侬我侬，忒煞情多，情多处，热如火。把一块泥，捻一个你，塑一个我。将咱两个，一齐打破，用水调和。再捻一个你，再塑一个我。我泥中有你，你泥中有我。与你生同一个衾，死同一个椁。"

有这样的情分在，死，也便真的成欢了。

"视死如归"，"归"，是游子归家，是柴门草庐迎候疲惫的脚步，游子

---

[1] 见杨绛《走到人生边上——自问自答》，商务印书馆2016年7月版。

长出一口气:"终于回来了啊。"

"视死如欢","欢",是望见对面的爱人张开怀抱,展开笑颜,纵使脚下万水千山,荆途重重,仍满心欢喜,跋涉前行。欢,是"人间有味是清欢"的欢,是"闻欢下扬州,相送楚山头"的欢,是"平生相思概已酬"的欢。

杨绛视死如欢。

火萎人走，优雅离去

终章

谁能想到年过百岁还要打官司呢?

2013年6月22日,包括钱锺书、杨绛、钱瑗的书信及手稿等在内的一百一十件作品将在北京万豪酒店拍卖,其中六十六封钱锺书的书信被首次曝光。

这些书信多是钱氏一家与香港《广角镜》杂志社总编辑李国强的书信往来。

得知此消息后,一百〇二岁的杨绛立即给李国强和拍卖行打电话抗议。

李国强说:"这件事情不是我做的,是我朋友做的。"

拍卖公司则回应道:"本意是出于对钱锺书和杨绛的尊重,书信及手稿具有非常重要的文献价值和文学研究价值。"

杨绛通过《新民晚报》《光明日报》等九家媒体发布公开信,坚决反对拍卖钱锺书及其本人与女儿的私人书信。她还表示,如果拍卖会举行,她将诉诸法律,维护自己和家人的合法权利。

公开信全文如下:

近来传出某公司很快要拍卖钱锺书、我以及钱瑗私人书信一事,媒体和朋友很关心我,纷纷询问,我以为有必要表明态度,现郑重声明如下:

一、此事让我很受伤害,极为震惊。我不明白,完全是朋友之间的私人书信,本是最为私密的个人交往,怎么可以公开拍卖?个人隐私、人与人之间的信赖、多年的感情,都可以成为商品去交易吗?年逾百岁的我,思想上完全无法接受。

二、对于我们私人书信被拍卖一事,在此明确表态,我坚决反对!希望有关人士和拍卖公司尊重法律,尊重他人权利,立即停止侵权,不得举行有关研讨会和拍卖。否则我会亲自走向法庭,维护自己和家人的合法权利。

三、现代社会大讲法治,但法治不是口号,我希望有关部门切实履行职责,维护公民的"通信自由和通信秘密"这一基本人权。我作为普通公民,对公民良心、社会正义和国家法治,充满期待。[1]

这封公开信一看就是由杨绛亲自操刀执笔,字字句句都打着她的烙印和痕迹——她始终坚持一种先进的民主思想:她要求人尊重隐私,她

---

[1] 见《杨绛公开声明》,《光明日报》2013年5月27日01版。

要求人不要侵权，她要求人能够得到基本人权。

一时间舆论沸然。

2013年5月27日，杨绛正式委托律师向拍卖公司发出律师函，要求其立即停止公开拍卖杨绛等人的私人信件的行为。随后，律师又向法院提交了责令停止侵害著作权的诉前禁令申请书。

就在案件进行时，另一家拍卖公司也宣布要拍卖钱锺书和杨绛的三封私人书信手稿。

杨绛再次发表声明：

> 正在我们热切期待社会正义早日实现，法律权威得以捍卫之时，传来保利国际拍卖公司不顾公众的反对和法律的尊严，公然、肆意践踏、侵犯一位百岁老人的合法权益和人格尊严的消息，我十分意外。
>
> 我只想再次明确表态，坚决反对任何公司、企业和个人未经许可，擅自拍卖钱锺书、我以及女儿钱瑗的书信，我们也从来没有授权任何公司和个人处理、拍卖我们的信件。
>
> 对于任何其他公司和个人，我也提出同样的要求，希望你们合法经营，尊重法律，尊重公民的基本人权。赚钱的机会很多，不能把人家的隐私曝光在大庭广众之下，拿别人的隐私去做买卖。如果你们一意孤行，我将会亲自走向法庭，维护自己和家人的合法权利。我绝不妥协，一定会坚决维权到底！

1　见《杨绛严词反对　保利宣布撤拍》，《光明日报》2013年6月3日09版。

好一个有原则、有底线的老人，铮骨可敲，犹带铜声。

最终，两家拍卖公司相继撤拍，杨绛获赔二十万元精神损害抚慰金——她把钱全部捐给了公益组织，她要的不是钱，而是"理"。

杨绛一直是一个理性的人，她喜欢黑就是黑、白就是白。所以，她无法接受人们用嘴巴歪曲和诬蔑，也无法接受人们行动上的不光明、不磊落。

但是，她又极少愤世嫉俗，她只是做她当做的事。比如用非凡的毅力去打一个麻烦的官司；比如在女儿和丈夫去世后，忍耐孤寂，打扫人间的战场。

战场打扫干净了，火也要萎了。

她也要走了。

2016年5月25日凌晨，著名作家、文学翻译家和外国文学研究家杨绛在京病逝。

我双手烤着
　　生命之火取暖；
火萎了，
　　我也准备走了。[1]

---

[1] 见杨绛《杂忆与杂写：1933—1991·自序》，生活·读书·新知三联书店2015年4月版。

这是英国诗人蓝德（Walter Savege Landor）的诗句。

她在《我们仨》里做了一个万里长梦，一程一程地送别了夫君、爱女，如今她的梦醒了，火萎了，她也走了。

她走了，我们永远地失去她了。

世上的亲人哭着为她送别，梦里的亲人笑着迎她到来。

她余生茕茕孑立，踽踽独行，如今他们仨终在另一个世界里得到团圆。

后记

为了最初的纪念

春来百花艳,最入人眼是牡丹。

海棠不是花吗?苹果花不是花吗?打碗碗花不是花吗?

但是人的目光一定会先落在大盘大碗、大红大紫的牡丹上。因为牡丹开在人前,站在台前。

所以相比起来,杨绛永远不如她的先生钱锺书——她是钱锺书背后的女人。

但我仍旧知道了她。

最开始知道她,当然是因为她是钱锺书的夫人,也仅止于她是钱锺书的夫人。

基于想要多了解一点钱锺书的目的,我读了杨绛写钱锺书的文章,到现在连标题都不记得了,可见时光如沙,不会厚待谁。只记得她款款地书写着钱锺书的"痴",写他幼时是一个怎样的痴儿,及至长大,痴气仍旧不减。而她又是怎样乐于嫁给这样的人，在嫁给这样一个不擅俗务的男人之后，又是怎样尘俗不惜身，甘当他的灶下婢。

距离读她这篇文章，一晃已过去三十多年，具体情节都忘得差不多了，却一直记得她淡淡的文笔。明明是水滴衣衫转眼即干的那种文笔，居然一直记到现在。

这种文风贯彻杨绛先生的作品，比如《我们仨》。

十来年前，我在北京花五块钱买下了它——当时的五块钱，买不到一碗牛肉面。它在满架的书里，土黄色的装帧也不耀眼，更不见媒体对它做过什么大的宣传。说不上来的感觉让我买下它来，并且一路捧着回家，很沉重，书里盛着一个老人的一生。

其时，她的丈夫和女儿都已经去世，至亲的三个人，转眼只留下她自己。人间如战场，别人都挥袖离身，只有她仍在。

而她不过是一个柔弱女子，且已是老年身，夫、女皆丧。是什么让她如此倔强、从容地守护着自己的初心，不徐不疾，将他们仨的故事娓娓道来？

出于对她的膜拜和敬意，我想要深入了解这个人。

于是又读了她的《干校六记》，知道了她在被下放的日子里，过的是怎样的生活，经历了怎样的折辱和颠连，对世界和人生有着怎样深切的同情。

这种同情映射到一只被人围捕的兔子身上。最后兔子为了逃出重围，高高跳起，却仍未逃脱。那一刻，她心胆俱裂。

再深的话她就不说了。

她本来就不是一个话多的人。

是的,她的话一直不多,所以文笔也一直很淡。

九十六岁时,她写就的《走到人生边上——自问自答》出版,那一刻,我对她的崇敬达到了顶峰。

九十六岁!

如今我已虚岁五十,一生说不上大痛大苦,没资格讲自己经历过深长黑暗,却已经感觉疲累得活不起。有一阵子甚至得了轻度的抑郁症,手腕沉得提不起笔,写不出字。

她是怎样在九十六岁的时候,写出这样一本书来?

这本书渗透着哲人的清明和睿智,又有着独属于她的人生况味。

她写人,写神,写鬼,写信仰,写迷思。

她写西方的哲学,写东方的哲学,旁征博引,娓娓道来。

她的思绪于这样的年龄,既思辨又犀利。

在书里,我看见了她对人性的极深的洞察:

> 每一种罪恶都引发另一种或多种罪恶。譬如我骄傲,就容不得别人比我强;我胜不过他,就嫉妒他。嫉妒人,妒火中烧,自己也不好受。一旦看到我嫉妒的人遭遇不幸,不免幸灾乐祸。妒引起恨,恨他就想害他,要害人就不择手段了。这样一连串地由一个恶念会产生种种恶念。例如贪吃贪懒,就饱暖思淫。这时期

的孩子，可说"众恶皆备于我矣"。

也看见了她对世相毫不留情的揭露：

我们这个人世原是个名利场，是争名夺利、争权夺位的战场。不是说吗，一部二十四史只是一部战争史。争城、争地、争石油、争财富，哪一时、哪一处不是争夺呢？官场当然是战场，商场也是战场，国际更是赤裸裸的战场。战场上就是你死我活的打仗了。打仗讲究的是兵法。兵不厌诈。愈奸愈诈，愈能出奇制胜。哪个迂夫子在战场上讲仁义道德，只好安于"君子固穷"了。战场上，进攻自卫都忙得措手不及，哪有闲暇讲究是非、曲直、善恶、公正呢？

但是，对于人性的美好，她不会一笔抹杀：

人类并不靠天神教导，人的本性里有灵性良心。在灵性良心的指引下，人人都有高于物质的要求。古今中外，都追求真理，追求善良，追求完美公正等美德。

她的确是最追求真实和公正的。杨绛的同事叶廷芳在一篇文章中实录其事：

"牛鬼蛇神"们一个个被勒令屈辱地低着头，出乎人们意料，偏偏杨绛拒绝服从，她满面怒容地昂着头！人们斥问她为什么如此顽固！她怒不可遏地跺着脚大喊："就是不符合事实！就是不符合事实！"……

越了解她，越觉得写不尽她。

在网上见一个人发议论，说很不喜欢杨绛，说她的眉眼里满是精明云云。

的确，若看杨绛的眉眼，确实锋利了些，似乎确藏了好些精明。但是，她行事是少有的低调而温和。她的精明在于对世事的洞察，而不在于东东西西、长长短短的拼死计较和争斗。蜗牛角上，她并不肯较雌论雄，是以人们也不必对她满怀戒心。

杨绛先生尚在时，曾经在一次采访中说，她要在身后把家财尽数用于公益事业，不过不会以钱先生或她的名义："捐就捐了，还留名干什么？"

然后记者善意恭维，说她身体这么好，能活到一百岁以上。她说那就太苦了，这几年活下来不容易，需得靠翻译非常难译的书来投入全部精力，忘了自己。

见多了人在总结自己一生时，大说功业，杨绛先生却站在人生末端，回望一生，说："总而言之，一事无成。"

记者问她怕不怕死，她说："生、老、病、死都不由自主。死，想想总是不会舒服。不过死了就没什么可怕的了。我觉得有许多人也不一定怕死，只是怕死后寂寞，怕死后默默无闻，没人记得了。这个我不怕，我求之不得。死了就安静了。"

  我的这本书写得相当的累和困。
  累,是因为觉得好像擅自替她又活了一生,这累是替她累的。
  困,是因为觉得她这一生,其实一直身处困境。她个性恬淡,也不等于她不觉得自己时常受困。
  愈写,愈是替她憋闷。
  智者是孤独的,而孤独是泥土里露出两个鼻孔,只供呼吸之用,而身不得跳出三界外,心尚在五行中。
  如今杨先生已逝,一家人天上团圆,这本书权且算是我对她的一次微薄的致敬。

附录

杨绛生平大事记

1911年	7月17日,生于北京一个开明知识分子家庭,祖籍江苏无锡。
1913年,2岁	父亲杨荫杭任江苏省高等审判厅厅长,驻苏州,随家人迁居苏州大石头巷。
1914年,3岁	父亲调任浙江省高等审判厅厅长,驻杭州,随家人迁居杭州。
1915年,4岁	父亲调任京师高等检察厅厅长,随父迁居北京。
1919年,8岁	父亲弃官南归,随家人回无锡,开始在大王庙小学上学。
1920年,9岁	到上海启明女校上学。
1923年,12岁	父亲在苏州开办律师事务所,随家人迁居苏州,考入苏州振华女中。
1928年,17岁	高中毕业,考入东吴大学。
1932年,21岁	东吴大学因学生闹学潮停课,到燕京大学借读,于清华大学古月堂前初见钱锺书。

7月,领到东吴大学毕业文凭,回苏州担任上海工部局华德路 |

小学教师。

寒假，钱锺书到苏州拜访杨父。

1933年，22岁　　考取清华大学研究院外国语言文学部，与钱锺书订婚。

1935年，24岁　　钱锺书参加留英考试，被录取，杨绛办好自费留学手续。

7月13日，与钱锺书举行婚礼。

8月13日，出国留英。

1936年，25岁　　同钱锺书在牛津大学埃克塞特学院就读。

1937年，26岁　　5月19日，女儿钱瑗出生。

告别牛津，前往巴黎。

11月17日，母亲去世。

1938年，27岁　　一家三口回国，钱锺书去西南联大任教。

1939年，28岁　　任刚刚正式成立的振华女中上海分校校长，兼做家庭教师。

钱锺书前往蓝田师院任教。

1941年，30岁　　钱锺书回上海。

振华女中停办。

1942年，31岁　　任工部局半日小学代课教员，业余写剧本。

1943年，32岁　　5月，话剧《称心如意》公演，开始用笔名杨绛。

1944年，33岁　　话剧《弄真成假》公演，《称心如意》出版。

1945年，34岁　　《弄真成假》出版，话剧《游戏人间》公演。

3月27日，父亲去世。

1946年，35岁　　秋季，任上海震旦女子文理学院外文系教授。

1947年，36岁　　作品《风絮》出版。

钱锺书《围城》出版。

1948年,37岁		译著《1939年以来英国散文作品》出版。
1949年,38岁		与钱锺书得清华大学聘书,杨绛为兼任教授。
1950年,39岁		4月,从英译本转译的西班牙名著《小癞子》出版。
1951年,40岁		"三反"(反贪污、反浪费、反官僚主义)运动开始。
1952年,41岁		与钱锺书调入北京大学文学研究所,从清华园迁入中关园。
1954年,43岁		译毕法国作家勒萨日的小说《吉尔·布拉斯》,在《世界文学》分期刊出。
1956年,45岁		译著《吉尔·布拉斯》经修改,由人民文学出版社出版第一版。
1957年,46岁		翻译《堂吉诃德》。
1958年,47岁		"双反"运动、"拔白旗"运动开始。杨绛的《论菲尔丁》,与郑振铎的文章、钱锺书的《宋诗选注》、李健吾的文章一起被称为"所内四面白旗"。
		10月至12月底,下乡学习。
		冬,回所,自学西班牙文。
1959年,48岁		5月15日,全家迁入文学研究所新宿舍。
		女儿钱瑗从北师大毕业,留校任助教。
1960年,49岁		与钱锺书第一次任全国文代会代表。
1962年,51岁		8月14日,全家迁居干面胡同文研所宿舍。
1965年,54岁		1月中旬,译完《堂吉诃德》第一部,开始翻译第二部。
1966年,55岁		"文化大革命"开始,与钱锺书一起受到不公正对待。
1967年,56岁		12月31日,女儿钱瑗和王德一结婚。
1969年,58岁		11月11日,钱锺书为"先遣队",下放河南省罗山县的"五七干校"。

1970年，59岁		6月13日，女婿王德一被诬，自杀身亡。
		7月12日，杨绛被下放干校。
1972年，61岁		3月12日，与钱锺书回北京。
		重新翻译《堂吉诃德》。
1973年，62岁		全家避居钱瑗在北师大的宿舍，后迁入北师大小红楼。
1974年，63岁		5月4日，女儿钱瑗与杨伟成结婚。
		5月22日，与钱锺书迁入学部七号楼西尽头的一间办公室。
1975年，64岁		4月5日，《堂吉诃德》初稿译完。
1976年，65岁		11月20日，译著《堂吉诃德》第一、二部定稿。
1977年，66岁		2月4日，迁居三里河南沙沟新居。
1978年，67岁		4月底，译著《堂吉诃德》由人民文学出版社出版。
		9月，当选第四届全国妇女代表大会代表；30日，出席人民大会堂国庆招待会。
		译自西班牙文的《小癞子》由人民文学出版社出版。
1979年，68岁		随代表团访问法国。
		《鬼》完稿。
		10月，《春泥集》由上海文艺出版社出版。
1980年，69岁		《事业》完稿。
		12月，完成《干校六记》。
1981年，70岁		年初，《倒影集》在香港出版。
		5月，《干校六记》在香港出版。
1983年，72岁		《喜剧二种》由福建人民出版社出版。
		11月间，随代表团访问西班牙、英国。

1985年，74岁	12月23日，《堂吉诃德》校改毕，送人民文学出版社。
	7月，结婚五十周年。
1986年，75岁	4月5日，动笔写作《洗澡》。
	10月6日，受西班牙国王颁发的"智慧国王阿方索十世十字勋章"。
	10月30日，英国女王来访，和钱锺书一同赴宴。
1987年，76岁	《将饮茶》由生活·读书·新知三联书店出版。
	《堂吉诃德》校订本出版。
1988年，77岁	11月，《洗澡》在香港出版。
	12月，《洗澡》在北京出版。
1989年，78岁	《堂吉诃德》繁体字版在台湾出版。
1990年，79岁	《将饮茶》在台湾出版。
1991年，80岁	《将饮茶》由中国社会科学出版社重印校订本。
1992年，81岁	法译本《洗澡》及《乌云的金边》在巴黎出版。
1993年，82岁	钱锺书住院动手术。
1994年，83岁	2月，《杂忆与杂写》由生活·读书·新知三联书店出版。
	8月，《杨绛作品集》由中国社会科学出版社出版。
	12月，《杨绛散文》由浙江文艺出版社出版。
1996年，85岁	女儿钱瑗入住温泉胸科医院。
1997年，86岁	3月4日，女儿钱瑗去世。
1998年，87岁	5月，将女儿钱瑗存款六万元作为钱瑗基金，捐赠给北师大外语系。
	12月19日7时38分，丈夫钱锺书去世。

1999 年，88 岁	翻译《斐多》。
	整理钱锺书笔记，集成《钱锺书手稿集》。
2000 年，89 岁	1 月，《从丙午到流亡》由中国青年出版社出版。
	4 月，《斐多》由辽宁人民出版社出版。
	11 月 17 日，与商务印书馆签约，出版《钱锺书手稿集》。
2001 年，90 岁	为《钱锺书手稿集》写序，并题写书名。
	《钱锺书集》由生活·读书·新知三联书店出版。
	9 月 7 日，设清华大学"好读书"奖学金。
2002 年，91 岁	12 月 22 日，《我们仨》定稿。
2003 年，92 岁	5 月 14 日，为《围城》汉英对照本写序，并题写书名"围城"。
	《我们仨》由生活·读书·新知三联书店和香港牛津大学出版社、台湾时报社出版。
2007 年，96 岁	《走到人生边上——自问自答》出版。
2011 年，100 岁	被查出患有心衰，依旧每天读书、写作。
2016 年，105 岁	5 月 25 日，病逝于北京协和医院。